0389 V

Vollständige Taschenbuchausgabe 1989
Droemersche Verlagsanstalt Th. Knaur Nachf. München
Lizenzausgabe mit freundlicher Genehmigung von
© Ferenczy Verlag und Editions Denoël 1968
Titel der Originalausgabe »Les passions selon Dali«
Aus dem Französischen von Jutta und Theodor Knust
Umschlaggestaltung Wilfried Becker
Umschlagfoto dpa/London Expreß
Druck und Bindung Ebner Ulm
Printed in Germany 5 4 3 2 1
ISBN 3-426-02408-X

SALVADOR DALI

Meine Leidenschaften

Aufgezeichnet von Louis Pauwels

INHALT

Wir freuen uns lieber
der genialen Gedanken-
keime und Gedanken,
die unter phantastischen
Hüllen überall hervor-
brechen und für die
jene Philister blind sind.

Engels über
Charles Fourier

Wenn wir eine Phan-
tastik hätten, wie wir
eine Logik haben, wür-
den wir die Kunst des
Entdeckens bald ent-
decken.

Novalis

Vorwort

Ich kam gegen Abend an. Cadaques liegt am Ende der in die Ausläufer der Pyrenäen gehauenen Straße. Man entdeckt das Dorf ganz plötzlich am Fuß der Sierra de Rosas: ausgezeichnete Architektur von stufenförmig übereinanderstehenden Häusern an der kristallklaren Bucht. Ich fuhr nicht ins Dorf hinein. Ich wollte zuerst Port Lligat sehen, eine Unterkunft für Fischer, weiter nördlich gelegen. An dieser letzten Bucht vor den wildbewegten, monströs gotischen Felsen des Kap Creus hat sich Dali sein »geistiges Gefängnis« erbaut. Man muß gleich links abbiegen. Ich geriet in eine zerklüftete Hölle. Am Hang kahler Berge windet sich zwischen Mauern von Staub ein schluchtartiger Weg. Hinter kurzen Terrassen aus Erde und Steinen das Meer, von bereits dunkel werdenden Felsen übersät. Es war Wind aufgekommen, der in wütenden Stößen blies. Ich holperte mit hochgekurbelten Fenstern in einer Wolke von Sand und Asche dahin. Die Dämmerung rötete sich. Ein kleiner, schwarzgekleideter Mann, die Baskenmütze bis in die Brauen gezogen, rief mich an und bat mich, ihn an dem Urlaubsdorf abzusetzen, das sich auf dem Fels der Landspitze im Strudel von Gischt und Tramontana ausbreitete. Kaum saß er, als er mich auch schon mit unaufhörlichem dummen Geschnatter zu unterhalten begann. Ich fuhr mit dem Narren, dessen Hände ich im Auge behielt, durch diese Landschaft von trostloser Wut. Ich rollte an Port Lligat vorüber. Wie im Traum sah ich Boote auf dem steinigen Strand und im Grund eines Amphitheaters mit entlaubten Reben Dalis Haus, ein winziges Dorf aus Hütten, gekalkte Mauern, die der Abend rötete, überragt von monumentalen Gipseiern und einem mit Mistgabeln gespickten Taubenschlag.

In einer neuen Staubwolke erreichte ich die
Landspitze und setzte meinen schwachsinnigen Se-
minaristen mit dem Greisenkopf in seinem minera-
lischen Kamp ab. Der Wind peitschte die Lampen
und zerfetzte die Musik. Ich wendete und erreichte
Cadaques auf dieser Straße, die aus einer mexika-
nischen Tragödie hätte sein können. Zwischen einer
dunklen Insel und dem Hügel erstreckte sich glatt
und gletscherfarben das Wasser von Port Lligat.
Bei Dali gingen die Lichter an. Die Gipseier er-
strahlten, und hinter Ziegeldächern kam zwischen
Ölbäumen plötzlich eine durchsichtige Kuppel zur
Geltung. Hin und her gerüttelt und in Staub ge-
hüllt, nahm ich die tiefe Stille wahr. Lorca hatte in
seiner »Ode an Dali« gesagt: »Schau nicht auf die
Wasseruhr hautiger Schwingen, nicht auf die herbe
allegorische Sense. Halt deinen Pinsel stets in den
Wind und schau auf das Meer ...«

Ich kannte Dali schon lange. Doch ihn zu verstehen
begann ich erst, als ich mich in Cadaques bei ihm
aufhielt, wobei mir Robert Descharnes' aufmerk-
same und gewissenhafte Dali-Biographie half, ein
Terrain zu ergründen, das nicht leicht zugänglich
ist. Ich will hier nicht versuchen, Dali zu erklären.
Sein Heil hängt davon ab, wie es ihm gelingt, sich
selbst zu sehen, aus seinen zerrüttenden Spannungen
emporzutauchen und seinen Fall mit einem Blick
von heroischer Schärfe abzuschätzen. Er ist, wie ich
meine, der einzige Besessene, der es verstanden hat,
sich selbst die bösen Geister auszutreiben, der seine
eigene Inquisition ist und vollkommene Selbst-
beherrschung errungen hat. Die einzige wahrheits-
gemäße Erklärung Dalis könnte allein von ihm
selbst gegeben werden. Man braucht nur sein erstaunliches Buch »Das geheime Leben des Salvador

Dali« * zu lesen, um sich darüber klar zu sein. Dali ist heute ein Mensch, der einen nicht stärker aus der Fassung bringt, als es das Genie gemeinhin tut. Demjenigen, der sich die Mühe macht, ihn mit Ernst, Respekt und Zuneigung zu befragen, erscheint er als Mensch von bedingungsloser Konsequenz. Seiner äußerlichen Exzentrizität entspricht die unerbittlichste Konzentrizität im Innern. Nur wenn wir unsere Mitte ignorieren oder verraten, handeln wir wie alle andern. Dali jedoch zollt dem harten Kern seiner Persönlichkeit ständige Aufmerksamkeit. Man muß sich in Dalis Provokationen auskennen. Sie sind von zweierlei Art. Da ist erstens das Spiel. Dali belustigt sich; das ist sein gutes Recht. Er hat es sich mit Not und Überanstrengung erkauft. Und dazu kommt der Fanatismus der Genauigkeit. Dali übertrifft sich in Geistesblitzen, die er dann ganz wörtlich nimmt. Er drückt buchstäblich sein Denken oder seine Intuition durch das legitimste Bild oder die entsprechendste Geste aus und überspringt die Zwischenglieder des vernunftgemäßen Gedankengangs. Er überschlägt die zivilisierten Etappen. Er serviert seine Wahrheit roh. Manche Leute wenden sich deshalb angewidert von dieser Wahrheit ab und nennen sie Wahnsinn oder Posse. Dieser Fanatismus der Genauigkeit und die beständige Aufmerksamkeit sorgen dafür, daß er keinerlei Anpassung an das duldet, was wir das Reale nennen. Er ignoriert Nichtangriffspakte. Er lebt in eine Art heiligen Krieg eingespannt. Schon 1930 hat er geschrieben: »Die Realität, einfache Amnesie der Vermittlung.« In jeder Minute straft er das Reale durch eine richtigere innere Realität Lügen. Wenn

---

* Das Buch erschien 1942 in der englischen Ausgabe *The Secret Life of Salvador Dali*, in der französischen *Le secret de ma vie* und in einer italienischen Ausgabe (Anm. d. Ü.).

Dali von gewaltigem Hochmut ist – begleitet von
ausgesuchter Höflichkeit im Privaten –, dann ist
das notwendig. Ein Mann, der große Dinge in sich
trägt, ohne hochmütig zu sein, ist verloren. Werden
die großen Dinge erniedrigt, dann verfluchen sie
ihren Aufenthaltsort. Ein solcher Mensch wird
kleiner und verächtlicher als der, der nichts in sich
hat – ein unerbittliches Gesetz. Man muß in Dali
eine Persönlichkeit sehen, die sich dem Dienst und
der Hingabe an den Genius weiht. Diese Persönlichkeit nimmt keinerlei Rücksicht auf das Alltägliche, auf lockere Beziehungen, auf das gesellschaft-
lich Lauwarme. Sie besitzt nichts Bürgerliches. Sie
ist mit Bewaffneten und mit Geistlichkeit umgeben,
so daß sie im Ablauf des gewöhnlichen Lebens
ebenso ungewöhnlich wirkt wie eine militärische
Parade oder eine Prozession. Wenn wir uns wieder-
begegnen, streckt er mir die Arme entgegen. Wir
begrüßen uns Wange an Wange, jedoch ohne daß
sich diese berühren: der Kuß der Krieger oder
Mönche. In seinen Aufklärungen über sich selbst
wird Dali nicht müde zu verkünden, daß sein Genie von seinem Vaterland, von der katalanischen
Natur und Seele und – noch genauer – von Figueras
und seiner Umgebung nicht zu trennen sei. Sein
zentrifugaler Geist beschäftigt sich unablässig damit, ein scheu abgegrenztes persönliches Universum
zu verdichten: ein Körnchen absoluter Substanz
daraus zu machen, das dann also universalen Wert
besäße. Deshalb kann man diesen wütenden Verfechter der Verwurzelung nicht fassen, wenn man
nicht hingeht, um seine Wurzeln zu sehen, zu fühlen und zu berühren.

Dali ist am 11. Mai 1904 in der kleinen Handels-
stadt Figueras geboren. In der Kindheit hat er jeden Sommer an der Küste von Cadaques verbracht,

woher sein Vater, der Notar, stammte. In Cadaques ist er im Jahr 1929 Gala begegnet. Im Land seiner Herkunft hat er seine Liebe, seine Persönlichkeit, sein Werk und seinen Wohnsitz aufgebaut. Jedes Frühjahr kehrt er dorthin zurück und bleibt bis zum Frühherbst. Anderswo, in Paris oder New York, kampiert er in Palästen; dort preist er die zu Haus geernteten Früchte an und verkauft sie.

Cadaques liegt dreißig Kilometer von Figueras entfernt. Man hat den Eindruck, eine beengte Unermeßlichkeit zu durchqueren. Dieser doppelsinnige Eindruck verschwindet rasch aus dem Gedächtnis. Jede Reise ruft ihn jedoch neu hervor. Das heißt, daß die Natur von einer unbedingten Beständigkeit ist, endgültig bepflanzt und bebaut, und dennoch von gewaltiger Veränderlichkeit. Die Ebene Ampurdán mit ihren plötzlichen satten Grüntönen. Die Alberes-Berge, versengt graue und braune Töne, wirken fast wie Hochgebirge. Von der schluchtartigen Straße aus sieht man die sanfte und gelbe Bucht von Rosas, die Heide, die sich allmählich senkt, ehe sie jäh zu der zusammengedrängten Kulissendekoration von Cadaques mit den starr übereinandergereihten Ölbäumen abfällt. Die weißen Häuser zwischen der Steilküste und den Bergen im Halbkreis nehmen ihren Platz für die Ewigkeit ein. Cadaques, über einem felsigen Meer in bretonischen Farben, scheint zwischen Johannisbrotbäumen um seine steife Kirche gruppiert zu sein, wie es Dali in dem Wunsch gemalt hat, »die ganze dalinische Kosmogonie in einer einzigen Landschaft zu verdichten«. Dieses berühmt gewordene Fischerdorf von äußerlich so vollkommener Sauberkeit entmutigt rasch seinen Gast, foltert ihn, zersetzt ihn. Süßwasser fehlt. Die wenigen Terrassencafés wirken, als ob sie klebrig aus einem Schiffbruch gerettet worden wären. Der Abfall sammelt sich in den staubigen Gassen und auf den Wegen der Gebirgsausläufer. Kein Strand. Kommt man aus den unbehaglichen Restaurants, umfängt einen die Nacht. Wenn die Tramontana, die ihre wütenden Stöße zu unregelmäßigen Zeiten schickt, aufhört, einem die Seele zu narren und zu zerreißen, bringt der Garbi, der drückende Seewind, eine klebrige Feuchtigkeit. Unter dem blauen Himmel außer dem Milchweiß der Mauern graugrüne und Ockertöne. Flechten zerfressen die Dächer. In den Häusern sind die einzigen Blumen Immortellen in erloschenen Farben, spröde und brüchig. Das Erhabene ist nicht mütterlich. Ein freundlicher Empfang und dann Unwirtlichkeit. Ein Nebeneinander von Hart und Weich. Ein Glanz von gepanzerter Jungfräulichkeit und von morbiden, bisweilen panischen Empfindungen. Triumphal in Rangordnungen eingeteilte Formen und Erschlaffungen einer hysterischen Agonie. Cadaques läßt an den Achat denken, von dem Dali spricht, wenn er von sich selbst redet: »Produkt des drückendsten Zwanges eines kolloidalen Mediums, gefangen in einer starren Struktur.« Die Künstlerfamilie Pitchot, die Dali als Kind in Erstaunen versetzte, trieb die Gegensätze bis zur poetischen Erhabenheit, wenn sie klassische Musik auf den gequälten Felsen spielte, die plötzlich von klebrigem Sprühregen überfallen wurden. Bei festlichen Abenden ließ sie ihre Schwäne auf dem Meer schwimmen, von brennenden Kerzen gekrönt.

Port Lligat bedeutet »befestigter, verknüpfter, mit Knoten angebundener« Hafen. Eine gut gewählte Fotografie in dem Bildband *Dali de Gala* *

---

* Robert Descharnes, *Dali de Gala*, Edita Lausanne. Ferner: Dali, Descharnes, Prévost, Francisco Pujols, *Gaudi visionnaire*, Edita Lausanne; José Cla, *Cadaquès*, Editorial Juventud Paris.

stellt den Ort bei Tagesanbruch dar: Himmel und Wasser gelbgrau, Inseln braun. Die Fischer vom Kap Creus hatten dort ihre Hütten für Reusen und Netze. Ein dürrer Ort, das, wie es Dali bezeichnet, dem Mittelmeer fernste Bild, ein Ort, der wegen des trüben Lichts oft düster und bunt erscheint, ein mittelmeerisches Delft. »Dort«, sagte Dali einmal, »habe ich gelernt, mein Denken zu begrenzen und zu feilen.« Das Haus, eine Ansammlung einzelner Zellen, wird von den kahlen Hügeln, die von den Ruinen einer Mühle beherrscht werden, ans Wasser gedrängt. Hinter dem kleinen Hafen schlägt das vom heftigen Wind aufgewühlte Meer zwischen ausgeschliffene Felsen. Als Dali von seinem Vater verstoßen wurde und mit Gala Zuflucht suchte, fand er nur bei der wahnsinnigen Lydia, die im Verdacht der Hexerei stand und selbst von den Bewohnern zurückgewiesen wurde, Hilfe. Lydia besaß eine Hütte, in der sich das Paar einrichtete – ein Raum von vier mal vier Metern. Eine Hütte nach der andern wurde hinzugekauft und durch Stufen und Gänge miteinander verbunden: ein weißgekalkter Irrgarten. »Unser Haus ist genau wie eine echte biologische Struktur gewachsen, durch Zellknospung. Der Kern war dabei der Wahnsinn Lydias, die uns die erste Hütte schenkte.« Über zwanzig Jahre lang war Port Lligat auf dem Landweg schwer zu erreichen. Cadaques besuchte man im Boot. Alle Dinge wurden von Fischern gebracht, sogar die Kohle. Für Dali und Gala war jede Ankunft im Frühjahr, jede Abreise im Herbst ein homerisches Abenteuer. Die Natur widersteht auch dem Gold. Trotz des Vermögens dauerte es länger als ein Vierteljahrhundert, ehe der Komfort kam. Doch man muß seinen angemessenen Platz in der Welt finden, selbst wenn dieser Platz wild und unwirtlich ist. Man muß geduldig ein Maximum an Schwierigkeiten und Anstrengungen auf sich nehmen, um ein Maximum an legitimem Genuß zu erlangen. In dieser kahlen Landschaft gibt es am Fuß des streng verschlossenen Hauses, das von maurischer Herbheit ist, am Ende des kleinen Hafens eine sanfte und feuchte Stelle, wo Dali morgens, unsichtbar für Neugierige, hinuntersteigt und badet. Dort hält er, zur Erinnerung an die Familie Pitchot, Schwäne. Fäkalien und Federn liegen in dem Schlamm, in dem ein abgeblätterter Stutzflügel steht. Das seichte Wasser bedeckt einen Teppich von fadenförmigen Algen. Dort streckt sich Dali aus, eingetaucht in den eigenen Saft, und nimmt, wie er sagt, sein »Nudelbad«, den Blick auf die harte Umgebung gerichtet.

Eine halbe Stunde Bootsfahrt entfernt, beginnen die Felsaufhäufungen von Kap Creus, der verlassenen Hauptstadt des dalinischen Reiches. Die Pyrenäen ersterben in einem letzten leidenschaftlichen Gebärdenspiel im Meer. Diese berühmte Landmarke der Mittelmeerschiffahrt, das Kap, das die Menschen der Antike Aphrodite geweiht hatten, strotzt von Figuren, die die Tramontana ausgeschliffen hat. Hintergründe, mit Nadelspitzen verziert, ausgezackte Vertiefungen, von Tausenden kleiner Krater durchbohrt wie die Oberfläche des Mondes, übersät von Kieselsteinen, zu Dragees abgeschliffen. Auf den hohen Felsen hat der Wind, als ob er in Teig arbeitete, Orgeln, Faltenwürfe und denkmalhafte Modellierungen geschaffen: Indianerkopf, Stier, Tiger, Adler, Schildkröten, Greifen, Ratten, Pferde. Ein Meerestempel der Verwandlungen, zerfließende Traumbilder, grausame Felssägen und -messer. Man fährt am Morgen ab. Man wirft sich in das klare, laue Wasser, in dem es ganze

Seeigelfelder gibt. Der Himmel berührt sanft ein
Bühnenbild aus roter Pappe. Man kommt bei Sturm
wieder, geschüttelt und gepeitscht. Die Figuren ha-
ben das Visier heruntergelassen. Eggen verteidigen
Küsten und Inseln. Man wird am Fuß der starren
Phantome ertränkt oder in Fetzen gerissen. Notar
Dali ging mit seinen Kindern am Kap Creus spa-
zieren. In den bevorzugten Augenblicken der Kindheit entfaltet sich das Leben in seiner Gesamtheit:
Vergangenheit, Gegenwart und Zukunft sind miteinander vermischt. Ausflüge nach Creus, später
Visionen der Vorgebirge des Traums, des Kaps der
Psyche. Dali *ist* das Kap Creus. Er ist eine tragische,
widerborstige Landmarke der inneren Navigation.
Er ist ein Ort der Prüfungen und Verwandlungen,
wo sich der Austausch zwischen dem Formbaren
und dem Felsigen vollzieht, wo die strebende Begeisterung triumphierende Form, die Angst Erleuchtung, der Wahnsinn enganliegende Rüstung, das
fließende Traumbild granitene Struktur wird. Er
hat geschrieben: »Dali muß durch Mimikry mit
dem Kap Creus verschmelzen.« Und: »Meine Paranoia besitzt die Beständigkeit und die analytische
Härte von Granit. Der Flugsand des Automatismus
und die Träume werden beim Erwachen ausgelöscht.
Aber die Felsen der Vorstellung sind immer da.«
    Die letzte Kathedrale von traditioneller Inspi-
ration ist Anfang dieses Jahrhunderts von dem katalanischen Architekten Gaudí in Barcelona entworfen und begonnen worden. Es ist die Sagrada
Familia. Francesco Pujols, ein unbekannter Philosoph, ein weiterer katalanischer Mystiker und Schüler von Ramón Llull (Raimundus Lullus), schrieb
ein Loblied auf Gaudí und versicherte, daß Gott
seine letzte große Feier und den Todesstoß in Spanien erhalten müsse und daß man dort die sagen-

hafte Kathedrale der Heiligen Familie errichte, wie
man ein Schwein mästet, ehe man es abkehlt. Diese
Kathedrale, hervorgequollen aus dem Traum der
visionären romantischen Graveure des 19. Jahrhunderts, ist mit äußerster geometrischer Strenge entworfen, wie es die noch sichtbaren Fundamente be-
zeugen. Doch sie scheint von der siedenden Geologie
des Kap Creus bedeckt, von dem geronnenen Chaos
der Schöpfung umhüllt zu sein. Im Katalanischen
bedeutet Gaudí »genießen« und Dalí »begehren«.
Aus einem einzigen Ort durch die Tiefe der in den
Eingeweiden empfangenen Erregungen, durch Analyse und Magnetisierung aller nur möglichen Übereinstimmungen seine Welt schaffen, die Welt und
den festen Punkt des Göttlichen. Das Kap Creus ist
gleichzeitig das letzte große Heiligtum des Herrn
und – über dem Meer – die unsterbliche Gestalt
einer durch dieses Begehren geretteten Seele.

Für die Landleute stellt »Herr Dalí« den Vater
dar. Vor dem Krieg genoß ein spanischer Notar in
einer leidenschaftlich an materiellen Gütern und
Familienangelegenheiten interessierten Bevölkerung
ein Ansehen, das dem des Pfarrers mindestens gleich
war. Arzt der Groschen, Arzt der Seelen, danach
erst kam der Arzt für den Leib: Leben zählt weniger als der Wunsch, die Fortdauer zu sichern. Dalí,
das ist allein Salvador. Als er vor achtunddreißig
Jahren in Port Lligat Zuflucht suchte, war er ein
Verbannter. Um die Jahrhundertwende hatten gebildete Familien der Provinz Katalonien wieder
geistigen und künstlerischen Glanz verliehen. Sie
hatten ihre Sommerhäuser an der Küste und zogen
die schaffenden Künstler dorthin. Eugenio d'Ors
und Picasso mieteten sich bei Lydia, der Fischers-
witwe, in Cadaqués ein. Die Irre glaubte den Rest

ihres Lebens, Eugenio d'Ors liebe sie und schreibe
nur für sie. Sie las seine Werke, seine Artikel in den
Zeitschriften der Elite, ohne sie zu verstehen; sie
faßte sie als Botschaften auf, deren Worte durch die
Glut dieser frommen Portugiesin tanzten. »Und ihr
werdet sehen«, sagte sie, »Salvador wird ein neuer
Picasso.« Heute schmückt ein großer ausgestopfter
Bär, mit Schmuck behängt, den Eingang zu Dalis
Haus, Totem der Leidenschaft Lydias – Eugenio
d'Ors nannte sich selbst »Sohn des Bären«. Die
Fischer von Kap Creus kamen zu Fuß nach Port
Lligat, um ihre Boote und Netze zu holen. Die
Nächte waren einsam. Der einzige Nachbar von
Gala und Dali war ein anderer Verfluchter. Ein
entlaufener Priester, der kümmerlich davon lebte,
daß er Pfeifen fabrizierte. Mit der Dämmerung
fing er an zu trinken und geriet in Wut. Zwischen
den Stößen der Tramontana hörte man Geheul aus
seiner Hütte dringen: er prügelte seine beiden
Frauen.

Das Gebiet hat zahlreiche Wahnsinnige mit aus-
geprägtem Charakter hervorgebracht – Fanatismus,
von den Arabern ererbt, Gefallen am Homerischen,
von den Griechen überkommen. Vom Land her
kaum zugänglich, zum Meer völlig offen, hat es das
Blut vieler mittelländischer Abenteurer aufgenom-
men. Man heiratet nicht nach draußen. Die Männer
versuchen zwar ihr Glück in Kuba oder Argenti-
nien, doch zum Heiraten und Sterben kommen sie
zurück. Auf den Grabsteinen findet man immer die
gleichen Namen, wenige Familien, unentwirrbar
miteinander vermischt. Land der fixen Ideen und
Eigenheiten. »Die Leute«, sagt Dali, »sind die pa-
ranoischsten Produkte des Mittelmeers.« Auswirkungen der Herkunft, der Natur, der Lebensum-
stände, des Windes und – wie er hinzusetzt – des

unterirdischen Urans. Die Fremden, die sich hier niederlassen, haben überwiegend irgendwelche Absonderlichkeiten. Dem Alkohol ergebene Künstler suchen in dieser Abgeschiedenheit Rettung; ein giftiges Schweigen fördert ihren Durst.

Da gab es einen alten Mann, der aus Amerika zurückgekommen war und in Cadaques einen Kramladen mit allem möglichen Plunder hatte. Auf staubigen Regalen lag von allem, was er verkaufte, eine kleine Menge: Kohlepapier, ein Kaminaufsatz aus Biskuitporzellan, Nägel, eine Kaffeemühle, Briefumschläge, elektrische Steckdosen, Pfeffer, Schachteln, Klebstoff, eine Säge, Körbe und die naiven Bilder, die er malte. Mit fünfundsiebzig Jahren packte ihn die Liebe zu einem jungen Mädchen. Hinter seinem unvorstellbaren Schaufenster belauerte er ihr Vorübergehen. Am Heiligen Abend sah er sie am Arm eines Jungen. Als es dunkel wurde, nahm er Mantel und Mütze, ein großes Wolltuch, um sich nicht zu erkälten, und erhängte sich auf einem Balkon an der Straße. In der Nacht glaubten die wenigen Passanten eine weiße Schaufensterpuppe, etwas wie einen hängenden Schneemann zu sehen. Am nächsten Morgen entdeckte ihn der Pfarrer, und die Erregung hinderte ihn daran, die Frühmesse zu lesen.

Im Dorf Ortis in der Ebene Ampurdán lebte ein Schuhmacher. Seine Leidenschaft war es, zu dirigieren. Wenn sich in der Kirche der Chor erhob, kam er von seinem Emporenplatz und schlug den Takt. Er lauerte auf Beerdigungen und Hochzeiten. Man verjagte ihn. Er erschien bei der Blasmusik und bei der Sardana, die Arme erhoben, die Hände in wirbelnder Bewegung. Wenn der Wind über die Ebene bläst und Steine und Dachziegel fliegen, hockt jedermann in der Stube. Es kam ein schrecklicher Sturm. Auf dem Dorfplatz stehend, befahl er den Elementen, dirigierte das Brausen und das Heulen und starb an einem Herzanfall, als er die Tramontana dirigierte.

Das sind Helden. Ehre dem, der das Herkömmliche stört und das Reale zwingt – wie der Fels das Meer –, sich zu brechen und zu schäumen. Selbst das Alltägliche und Harmlose muß zur Odyssee, zur Legende, zum Theater werden. Wenn Dali die Geschichte von dem »Mann, der spuckte« erzählt, dann beschwört er gleichzeitig Homers Epen und die Märchen der Scheherazade.

Der dicke Herr aus Figueras hatte eine Magenstörung und einen üblen Katarrh, aber er faßte Rülpser und Auswürfe zu einer einzigen Zeremonie zusammen, die er Punkt acht Uhr dreißig vor seiner Haustür veranstaltete. Von acht Uhr an versammelten sich die Nachbarn und die Kinder dort. Der Herr erschien, vom Schluckauf geschüttelt, mit rotem Gesicht und vorquellenden Augen; sein Schmiedeofen war angezündet und gab infernalische Krächz- und Schnarrlaute von sich. Der seit dem Abend zuvor aufbereitete Auswurf sammelte sich zwischen Kehlkopf und Zwerchfell, rollte seine Fasern mit erstickt zischenden Pfiffen und lärmendem Brodeln durch die Bronchien. Viertel nach acht wurden Sägespäne gestreut. Halb neun formten die violetten Lippen mit einem Drachenschrei eine klebrig zähe Blase, und eine riesige Pfütze weißlich wabbelnder Schlamm, grün, rosa, braun geädert, klatschte unter Krämpfen, Verdrehungen und wallendem Sieden auf die Sägespäne.

Dali als Erzähler: die transformierende Kraft der Kindheit, die liturgische Dramatisierung der Primitiven, der Widerhall antiker Rhapsoden. Für die Einheimischen ist jede Gestalt und jeder Eindruck

zahlreichen Modellierungen unterworfen und erhält
so die gigantischen Proportionen des Kap Creus.

Die Leidenschaft der Verwurzelung macht aus
dem Land den Mittelpunkt der Welt, das schöpferische und aufnahmebereite Herz des Planeten.
Die Menschen nähren sich von ihrem Boden wie die
Huitchol-Indianer vom Peyotl, für die diese erd-
farbene Pflanze Nahrung und Medizin ist: Substanz der Götter, Träger der Sternenharmonie,
Quell der Sonnenwärme. Alles strahlt von einer
einzigen Stelle aus, alles fällt dort in einem Punkt
zusammen. Jedes Ereignis wird universale Mythe:
Menschen und Dinge von hier sind das überein-
stimmende Repertoire Gottes.

Leidenschaft der Senkrechten: alles soll sich zu
transzendentaler Bedeutsamkeit erheben und in jedem Menschen durchbrechen. Exhibitionismus ist
Vergöttlichung, jeder wird davon aufgerichtet. Unamuno schrieb nur im Café. Wenn er einen Punkt
setzte, riefen die Leute an den Nachbartischen:
»Olé!« Aus dem gleichen Antrieb, der Dali die
Überzeugung einflößt, daß die Vollkommenheit der
Perlboote (*Nautilus pompilius*) in der Bucht bei
Gott die Liebe zu den Engeln hervorgerufen habe,
wünschte der Autor des Werkes *Das tragische Lebensgefühl* (Unamuno), daß Europa um seines Heils
willen spanisch gemacht würde. Eugenio d'Ors betrachtete das Abendland als Ergebnis der Aussaat
katalanischer Tradition. Pujols zeigte, daß der
französische Klassizismus ein maskierter Germanis-
mus sei, ein Verrat am Erbe, und sprach sich nicht
etwa für eine Verselbständigung Kataloniens aus,
sondern für seine Hegemonie. Um die von der Höhe
der Felsen des Kaps aus bewunderten Meeresgründe
genießen zu können, konstruierte Monturiol das
erste Unterseeboot. Ein anderer Katalane erfindet

die mathematische Geschichtswissenschaft; sein Wahnsinn verkündet ihm den endgültigen Sieg Deutschlands; Hitler begeht Selbstmord; lachend erwartet man den Propheten an dem Ort, wo er seine Abhandlung geschrieben hat; er schlägt die Zeitungen auf und arbeitet weiter an seinem Kapitel. Die Geschichte ist – wie die Landschaften, wie die Lebewesen – ein Seelenzustand.

Ihr Irrealismus ist in die Präzision vernarrt. Als der Bahnhof von Figueras gebaut wurde, hatte Dalis Vater noch nie einen Zug gesehen. Freunde erzählten ihm, daß die Eisenbahn ohne Stöße fahre. Er kauft sich ein Glas Bier, bis zum Rand gefüllt, und setzt sich auf die Schienen. Sie glauben bedingungslos an den Buchstaben, das Wort, die Sache, weil die jenseitige Welt in dieser hier ist wie die süßen Fleischtöne und die tauige Frische der Frau in der stachligen Schale des Seeigels. Ihr Alltag ist heilig, ihre Mystik realistisch. Die Kirche von Cadaques, die Dali seinen »Kindheits-Parthenon« nennt, ist geometrisch, weiß gekalkt, mit einem schmalen, ziegelgedeckten Giebeldach. Aber ein riesiger Barockaltar, eine zerfließende Grotte, von den Wölbungen bis zum Boden Fluten von Engeln, Heiligen, Knospen und aus Gold gedrehte Fransen. Die alten Fischer schmückten den Altar um des Ablasses willen noch weiter aus, indem sie an die vergoldeten Stalaktiten lebende Langusten hängten, deren Todeszuckungen die Messe bereicherten und die Passion beschworen.

Die Türme der Sagrada Familia ragen mit ihren steinernen Palmwedeln sehr hoch in den Himmel von Barcelona, weil Gaudí als Kind von drei Palmen geträumt hatte, die er über der Mauer wahrnahm. Der letzte gotische Baumeister bat die Bauern um ihre toten Säuglinge, um sie als kleine

Engel nachzuformen. Die Besucher der ungewöhnlichen Baustelle wurden fotografiert: so wählte
Gaudí die Heiligen für den Vorhof. Er rief den
Vorübergehenden herbei, um ihn mit Gips zu umhüllen und Johannes oder den heiligen Michael
daraus zu machen. Das Universale liegt in dem am
tiefsten Lokalisierten; das, was ich berühre, muß
verewigt werden; meine Wurzeln haben ihr Dupli-
kat im Himmel.

Eine Generation scheidet Dali von Picasso. Letzterer vollendet in jeder Hinsicht die Kunst des
19. Jahrhunderts. Dali, zu Kriegsbeginn fünfund-
dreißig Jahre alt, von verzehrender Intelligenz, ein
mystisches Wesen im Rohzustand, ist bereits ein all
jenen modernen Mutationen preisgegebener Geist,
die alle Zeitalter umfassen. Während er seine Libido
hierarchisch ordnet, seinen Wahnsinn besiegt, sich
in Liebe vereinigt, seine Persönlichkeit strukturiert,
seinen Schildkrötenpanzer, den er sich am Fixpunkt
des Landes seiner Kindheit angeschafft hat, verhär-
tet, sucht er aus eben jenem Bedürfnis nach Einheit
die unbewegliche Mitte dieses Wirbels der Epochen.
Trunken von Ewigkeit und Legitimität, vermählt
er die Zukunft mit dem Wesen von gestern. Er
sucht, er zieht voller Fanatismus die Zeichen einer
zweiten Renaissance herbei, die die individuellen,
spirituellen religiösen Werte wieder aktuell machen,
der Ästhetik ihr Reich zurückgeben und die Tradition auf allen Gebieten wiederbeleben sollen. Er
begnügt sich nicht mit dem Wunsch – er fordert.
Der feste Mittelpunkt der kreisenden Jahrhunderte
ist für ihn nur in dem Maß vorhanden, als er um
seinen eigenen Mittelpunkt kreist. Alles hängt von
der Kraft seiner Forderung und von der Art des
Ortes ab, von dem aus er seine Forderungen stellt;

die Wahrheit des ganzen hängt von seiner eigenen Wahrheit ab – er ist Magier. Er nimmt teil an der alten Denkweise, die jedes Ding mit der Gesamtheit, dem Schlüsselring der Analogien, verbindet. Er sieht im Tod eines Baumes das Erlöschen eines Sterns und macht jeden Menschen für das Gleichgewicht des Weltalls verantwortlich. In diesem Bemühen ohne Maß, wo dennoch jede Bewegung Gegenstand genauester Berechnungen ist, nutzt Dali die Totalität seines Wesens. Er wird von seiner Kunst angetrieben, doch mehr noch von seiner Persönlichkeit, die sich als Künstler der Unsterblichkeit versteht. Das Schaffen ist ihm wichtig, doch vor allem das Manifest. In seiner Zentrifuge Port Lligat ist er ein fröhlicher Kraftstrom. Er steht mit der Sonne auf und malt den ganzen Vormittag in seinem großen aufgeräumten Atelier. Doch während er malt, redet er, badet, empfängt, denkt nach, meditiert, sinnt dauernd, gibt acht und erinnert sich ständig. »Du bist«, sagen Primitive, um sich guten Tag zu wünschen. Das »guten Tag« Dalis, sauber artikuliert und dem Besucher wie eine runde, feste, kompakte Frucht zugeworfen, begleitet von einem Sich-Straffen und einem leichten Zurücktreten, ist dieser Gruß und damit die Bestätigung, daß Sein bedeutet: Anderssein. Das Hauptziel seines Lebens ist das Dasein.

Je mehr wir uns aus dem inneren Schlaf frei machen, desto deutlicher werden die Verbindungen zwischen den nichtigsten Umständen unseres Lebens, den Menschen und Dingen, die uns umgeben. Das Gefühl der Einsamkeit und der Gedanke an Gefahr verschwinden. Tausend bedeutsame Beziehungen enthüllen sich uns, und es wird uns klar, daß das ganze Weltall – nach dem Bild unserer individuellen Welt – ein System von Entsprechungen ist. Das Erwachen entfaltet die Analogien, und die Seele verleiht der ganzen Natur Seele. Dali ist unaufhörlich damit beschäftigt, zu verknüpfen, um zu beweisen. Seine Imaginationskraft entfaltet sich, nicht um Irrealität zu erfinden, sondern um den Abstand zwischen den realen Dingen zu verringern. Er deformiert die Realität nicht, er transformiert sie, oder er gibt ihr vielmehr die ursprüngliche Dehnbarkeit wieder, um dieses System von Entsprechungen freizusetzen. »Wer sich in seinen harmonischen Zauberspielen als tüchtiger Wagehals erweist«, sagt Charles Fourier, »als unabhängiger Geist, als Mann von neuen Ideen, mag sehr wohl ein Geheimnis durchschaut haben.«

Als wir eines Abends ausnahmsweise allein in dem weißen Patio saßen, tranken wir wie gewöhnlich Champagner rosé, hörten die einzigartig verschrammte Platte von *Tristan und Isolde* und schwatzten. Am Ende des Tages kleidet sich Dali an: goldene Weste, Scharlachkrawatte, Jacke aus Pantherfell, dazu ein Prunkstock. Er hat gearbeitet, gedacht, froh geträumt – zu vergleichen mit Boldini, der sich vor seiner Staffelei so sehr begeisterte, daß er die Marseillaise anstimmte und seinen Erfolg im voraus dadurch krönte, daß er sich Lorbeer auf die Stirn malte. Vom Hügel her, ohne daß man wußte, wie sie dorthin gelangt waren, erschienen zwei schweigende, schwarzgekleidete Gestalten. Sie waren jung und blaß, die Augen von Rauschgift geweitet wie Meteoriteneinschläge auf dem Mond. Der eine der Zwitter trug eine kurze Robe aus durchsichtigem Schleierstoff und bis zum Knie geschnürte Kothurne, der andere eine Jacke mit hohem Kragen und Röhrenhosen. Dali bot zeremoniell eine Jasminblüte an, fragte, erfuhr nichts. Sie setzten sich abseits in das kleine Sommereßzimmer, die durchscheinenden Hände verschlungen auf dem Tisch mit der Schieferplatte zwischen einem Distelstrauß und der riesigen Teekanne aus verziertem Gips von dem närrischen Hutmacher aus Alice. Wir ließen sie gewähren. Schließlich verschwanden sie in der Nacht.

Am nächsten Tag fuhren wir mittags zum Kap Creus. Das Meer war unbewegt, die Luft sehr warm und feucht. Dali führte mich, flink zwischen den steilen und unsicheren Hängen gehend, damit ich mir den sonderbaren Felsen ansehen konnte, den er gemalt und als den *Grand Masturbateur* besungen hat: »Seine riesige Nase auf die Onyxtäfelung gestützt, die ungeheuren Augen geschlossen.« Der Fischer sammelte Muscheln. Wir zündeten ein Reisigfeuer an, um sie zu öffnen. Wir ließen uns in das glanzlose Wasser zwischen den Granitspitzen und den Seeigeln gleiten. In »dieser Geologie, die schläft, ohne zu schlafen«, begegneten wir Urlaubern, ungewöhnlichen Geschöpfen, fehl am Platz in dieser Landschaft, die, wie Dali sagt, ein Ort für Götter und Tote ist. Und dieses überstille Wetter, sagt er weiter, zieht magnetisch den Tod an. Als wir das Boot auf den Kies vor dem Haus schoben, trugen sechs Fischer eine Bahre. Langsam stiegen sie die steinerne Treppe hinan. Zwei Frauen in Schürze, die Schultern vorgeschoben, die Hände auf dem Bauch, sahen stumpfsinnig zu, wie sie vorbeizogen. Ein Korallenfischer aus Port Lligat war eben im Taumel der Tiefe ertrunken. Dali umarmte die Frauen. »Jetzt können wir ruhig sein«, sagte er zu mir. »Wir haben den Tod den ganzen Vormittag begrüßt, und dieser Tote geht davon, um für uns zu arbeiten. Das Feuer wollte nicht brennen, es dauerte lange, bis sich die Muscheln öffneten, während er sich unter dem Wasser schloß. Gestern abend

besuchte mich der Tod mit diesen beiden unheil-
verkündenden Rauschgiftsüchtigen; nun nimmt der
Korallenfischer den Tod mit sich fort.« Fromm:
unaufhörlich damit beschäftigt, zu verknüpfen; die
Finger des Traums ständig tätig, behende die Fäden
zu verknoten.

In den Sommermonaten der Jahre 1966 und 1967
habe ich zahlreiche Vormittage bei Dali verbracht,
während er sein großes Bild *Der Thunfischfang*
malte. Ich sah ihn an Oberflächen arbeiten, wobei
er von komplizierten geometrischen Strukturen aus-
ging, die vorher in Grautönen angelegt worden
waren. Eine Hand hielt ihn mehrere Tage auf:
Farbfaser um Farbfaser wurde mit feinen Pinseln
ineinandergezogen. Dali saß auf einem Strohhok-
ker, rechts vor der ungeheuren Leinwand, die von
einer elektrischen Winde bewegt wurde. Wir sprachen ohne Zeugen. Aus unsern auf Tonband auf-
genommenen Gesprächen habe ich die Monologe
zusammengestellt, die hier zu lesen sind; dabei habe
ich mich bemüht, in klarer Sprache die Sprünge
und die Harmonien der Gedanken Dalis wieder-
zugeben, mindestens soweit sie ein Echo in mir
hervorriefen. Ich habe dafür Sorge getragen, die
Architektur dieses Denkens wahrnehmbar zu machen, selbst auf die Gefahr hin, zugunsten der klaren Zusammenhänge einiges von den sprunghaften
Vormittagen in Port Lligat weglassen zu müssen.
Dali hat alle Texte gelesen und mit Anmerkungen
versehen, und ich wäre glücklich, wenn ich zur In-
standhaltung seiner Verbindungswege ein wenig
beigetragen hätte.
  Getrübt durch das Kollektiv und den äußeren
Schein, betrachten wir unsern Reichtum und unsere
Macht. Wenn Gott im Abendland wieder erschiene

und ein Herz nach dem andern prüfte, welches Mitleid müßte er dann haben! Bei den meisten Menschen ist das Leben in seiner Tiefe Trauma, Unsicherheit, Angst, Einsamkeit, Zerstreuung, Verleugnung. Wie viele Menschen haben in diesem großen Massenschicksal ihr Einzelschicksal insgeheim voll Haß oder in tragischer Gleichgültigkeit auf sich genommen? Trotzdem ist diese düstere Zustimmung zum Nichtsein keineswegs unausweichlich. Starke, sich selbst treue einzelne erinnern uns daran, daß wir nur bis zu dem Grad negativ sind, wie wir selbst es wollen, und daß schon eine einzige Ausnahme den Lauf der Dinge verändert. Gott will Götter in den Menschen. Wenn wir uns selber nicht aufgeben, weisen wir das Fatum zurück; unser Schicksal ändert sich.

Was unsere Tiefen angeht, so wäre es Zeit, zum Realen zurückzukehren, das heißt zum Heiligen, und trotz des Scheins, in den uns die Herrschaft der Ingenieure einhüllt, »die dauerhafte Lebenskraft einer esoterischen Weltauffassung« anzuerkennen. Wir müssen jedesmal zu ihr Zuflucht nehmen, wenn uns ein »aufrichtender« Geist und ein ebensolches Werk – um hier zum zweitenmal einen treffenden Ausdruck von André Breton zu verwenden, geprägt vom Siegel der Offenbarung –, ihr Geheimnis aufzwingen. Große Kunst und großes Denken sind stets rätselhaft. Das rechnende Denken dagegen bemüht sich, uns glauben zu machen, es sei das einzige Denken. Naturwissenschaft und Technik schüchtern die innere Erkenntnis ein. Es ist noch nie so notwendig gewesen, daß Männer wie Dali, indem sie jede illegitime Geistigkeit lärmend zurückweisen, die Forscherfähigkeiten des Genies verteidigen und veranschaulichen, und sei es bis zum Irrsinn.

Novalis hat geschrieben: »Der poetische Philosoph ist *en état de Créateur absolu.*« Dieses Buch ist das Porträt eines solchen absoluten Schöpfers. Außerdem müssen wir der Philosophie und der Poesie ihren Wert zurückgeben. Für den mit noch nicht neunundzwanzig Jahren gestorbenen Novalis, dessen letzte Vision die des Menschen von göttlichem Ursprung war, ist die Philosophie Heimweh, das Bestreben, überall zu Haus zu sein. Die Poesie ist die Kunst, den Grund der Seele in Bewegung zu versetzen, die aktive Individualität zu enthüllen, die innere Welt in ihrer Gänze offenbar zu machen. Nach Ansicht dieses »produktiven Herzens« kann alle Wissenschaft von einem Verfahren ausgehend zusammengefaßt werden, das das Genie dadurch befreit, daß es seine Abstürze einer hellsehenden Kritik unterzieht. Der Dichterphilosoph ist tatsächlich der absolute Schöpfer, weil das Weltall eines jeden Menschen, wenn es in seiner Fülle begriffen und erlebt wird, universal ist.

Dezember 1967

Gala

*Wie ich von meinem Vater gastronomischen
Gebrauch gemacht habe – Der Schönheitsfleck
meiner Frau und der Picassos –
Parawissenschaftliche Meditation und
Metaphysik – Warum und wie dieser
Schönheitsfleck meinen Innenraum abschließt –
Meine geistigen Bilder, meine Aladinslampe
und der eheliche Orgasmus – Wie Liebe und
Intelligenz die Verrücktheit besiegt haben –
Wenn Gala stürbe.*

Sie erschien mir in Cadaques in Begleitung ihres
Gatten Paul Éluard. Am zweiten Vormittag nach
der Ankunft meiner Freunde, trunken vor Begierde,
ihren Blick auf mich zu ziehen, rasierte ich mir für
sie die Achselhöhlen und malte sie blau, ich zer-
schnitt mein Hemd, ich bestrich mich mit Fischleim
und Ziegenmist, ich schmückte meinen Hals mit
einer Perlenkette und mein Ohr mit einer Jasminblüte. Als ich sie dann sah, konnte ich, geschüttelt
von einem irren Lachen, von Zusammenbruch, Fanatismus, Abgrund und Entsetzen, nicht mit ihr
sprechen. Am folgenden Tag faßte sie mich an der
Hand, sie beruhigte dieses Lachen, sie sagte ernst:
»Mein Kleiner, wir werden uns niemals verlassen.«
Sie wurde meine Gradiva, die Heilerin der Schrek-
ken, die Besiegerin meiner Rasereien, die liebende
Geliebte meiner senkrechten Kräfte. Sie ist Leda,
die Mutter. Sie ist Helena, die unsterbliche Schwester von Pollux-Dali, dessen Kastor jener geniale
Bruder ist, den ich hatte und der ebenfalls den
Vornamen Salvador trug. Es war die Aufgabe der
Dioskuren, die Schiffe zu leiten. So fahren wir, ge-
lenkt von unsern Dioskuren, ich führe das Boot,
und sie hält die Steuerpinne.

Ferner ist Gala eine Sphinx, jedoch eine hilf-

reiche, die, statt mir Fragen zu stellen, für mich
die Rätsel befragt und in ihrer Sinnlichkeit die
Antworten bereithält. Deshalb werde ich bei der
Beschreibung meiner Passion von einem winzigen
Punkt ihres Frauenleibes ausgehen: von einem
Schönheitsfleck. Dieser Schönheitsfleck auf dem linken Ohrläppchen Galas faßt mein gesamtes Gemüts-
leben zusammen, das vom Vaterdrama beherrscht
wird. Ich habe oft gesagt, daß mein Vater zugleich
Moses, Wilhelm Tell und Zeus war, aber ich habe
mich nie recht über die Herkunft meiner Traumen
ausgelassen. Mein Vater hat mir von meiner Geburt
an durch das Übermaß an Liebe, die sich nicht allein
auf mich, sondern auch auf meinen verstorbenen
Bruder richtete, eine narzißtische Verletzung zu-
gefügt, durch die hindurch meine Vernunft in den
Abgrund stürzen mußte, den, wenn auch nicht völlig zu schließen, so doch positiv zu nutzen meinem
Genie mit Galas Hilfe gelungen ist. Ich wurde zweimal geboren. Mein toter Bruder, das Probestück für
mich, äußerstes Genie und deshalb nicht lebensfähig,
hatte trotzdem sieben Jahre gelebt, ehe die beschleunigten Stromleitungen seines Gehirns Feuer
fingen. Dieses Salvador wegen wurde ich der Viel-
geliebte, den man zu sehr liebte. Für das kleine Kind
gibt es keine gefährlichere Erschütterung als das
Zuviel an Liebe; und dieses Zuviel an Liebe um
eines andern Ichs willen sollte ich mit einer Gewalt
und in einem Ausmaß spüren, wie es einem die
symbiotische und undifferenzierte Welt der ersten
Lebensjahre gestattet. Am Rand dieses strudelnden
Schlundes errichtete ich die gallertartige Festung
der Paranoia, deren felsige Brüstung die massive
Gegenwart, die starke Kraft meines Vaters war;
ich empfand sie so lebhaft, daß ich, als ich sein
Porträt malte, das Bild mit mehreren Farbschichten

belastete, weil ich besessen war von dem Bedürfnis, daß ein solches Porträt schwerer wiegen müsse als jedes andere. Wenn ich nun nach Freud ein Held bin, dann deshalb, weil es mir gelungen ist, mir die Macht meines Vaters anzueignen. Der Held ist derjenige, der sich gegen die väterliche Autorität auflehnt, sie schließlich besiegt, der seinen Vater auffrißt, das bevormundende Gesetz, die Allmacht aufzehrt, selbst das Gesetz, der große Phallus wird. Bei den Primitiven ist das totemistische Mahl die Darstellung des ihm zugrunde liegenden Vatermords. Doch der dalinische Held geht, wie man sehen wird, darüber hinaus und gelangt dazu, den Vater aufzuzehren, indem er gerade seine Auferstehung in vielfältigen und idealerweise konkreten Formen herausfordert.

Der Konflikt mit meinem Vater erreichte Galas wegen seinen Höhepunkt. Der unbeugsame Notar von Figueras widersetzte sich der Ehe und verschloß mir sein Haus. Ich wurde hin und her gerissen zwischen tiefer Bitterkeit und der Erregung meiner Liebe. Die Bitterkeit war von der Bewunderung für den harten Charakter und die spanische Grausamkeit meines Vaters gefärbt. Die Erregung der Liebe bereicherte das intuitive Gefühl, daß Gala eine erhabene und köstliche Darstellung meines Vaters werden würde. So hatte ich die Möglichkeit, in Gala meinen Vater in kleinen saftigen Bissen zu genießen, und da ich es mit Begeisterung hinnahm, gleichzeitig von Gala verschlungen zu werden, machte ich Zeus doppelt zum Hahnrei. In meiner Seele wurde mein Vater zum siegreich besiegten Helden, gestorben und ohne Gift und Galle auferstanden, verraten und wiedergefunden, verherrlicht und betrogen, Held im allerreinsten Stil der triumphalen dalinischen Doppeldeutigkeit. So ist er schließlich meinem System angeglichen, verschlungen worden, ohne daß es so aussieht und ohne den geringsten Schaden für mich. Endlich findet er sich, in dem Maß verklärt, in dem sein Sohn ein Genie ist, in seiner Vaterschaft erhöht und behauptet seinen Rang als Wilhelm Tell, was mir nur recht ist.

Ich habe indessen stets bedauert, daß mein Vater nicht begreifen konnte, wie einzigartig Gala ist und wie sie alles zu meinem Heil getan hat. Noch heute liegt in meiner nachdrücklichen und aggressiven Art, meine Liebe öffentlich zu feiern, der Wunsch, ihn zu überzeugen, ihm gegenüber recht zu behalten. Ich hätte meine gesamte Energie dafür aufgewendet, aus Gala eine dieser mythologischen Beatrice-Gestalten zu machen, die die Geschichte auf dem Rücken zu tragen gezwungen ist, damit sich mein Vater im Grab umdreht, um sie zu segnen. Trotz seiner Bewunderung für mich vermochte er die Dinge eben nur in der Art des Provinznotars zu sehen. Er glaubte, sie sei drogensüchtig, und ich verdiente, von ihr mitgerissen, mein Geld im Rauschgifthandel, weil es ihm unvorstellbar erschien, daß man reich werden könne, wenn man weiche Uhren malte. Obwohl er mich zurückstieß, bewahrte ich ihn doch in mir, voller Verehrung für seine starke Persönlichkeit, weil ich unbedingt sein Gewicht, seine Dichte als Stützpunkt im Innern meiner fließenden geistigen Strukturen brauchte. Ohne den Vater oder die Identifizierung mit dem Vater lief ich Gefahr, jeden Augenblick auf die archaische Ebene der Kindheit zurückzusinken. Ich lief Gefahr, zu erleben, daß sich meine ursprüngliche Verletzung wieder öffnete und weit aufklaffte. Für eine ohnehin schon schwammartige Persönlichkeit, in die der Wahnsinn einsickert, ist das Verschwinden oder Verblassen des Vaters katastrophal, und ich mußte ihn spüren, ich mußte unbewußt panische Angst vor ihm empfinden, da mein Vater später immer monumentalere Projektionsformen angenommen hat: Picasso, dann Stalin.

Eines Nachmittags war ich mit Gala im Atelier Picassos. Ihr gegenüber war er von bemerkenswerter Liebenswürdigkeit. Er ging so weit, ihr ein Bild zu schenken – ein ganz seltenes Ereignis. Aufgefordert, sich eins auszusuchen, wählte sie taktvoll die kleinste kubistische Leinwand. Als sie sich bückte, um diese aufzuheben, nahm Picasso ihr Ohrläppchen zwischen Daumen und Zeigefinger und rief: »Aber Sie haben ja genau den gleichen Schönheitsfleck wie ich!« Ich trat näher. Ich berührte beider Ohren. Ich fühlte die gleiche Erhöhung. Sofort verspürte ich ein Zittern, ich wußte, daß ich da den großartigen Beweis für die Legitimität meiner Liebe in der Hand hielt. Sobald wir nach Haus kamen, überzeugte ich mich in einem Zustand der Begeisterung, daß dieser Schönheitsfleck dem Schnittpunkt der Linien des Goldenen Schnitts entsprechen mußte, und ich konnte nicht aufhören, Bestätigungen für diese viszerale Intuition zu suchen. Ich stürzte mich auf die Werke des rumänischen Fürsten Matila Ghyka, der an der Universität von Südkalifornien Ästhetik lehrt. Ich führte Gespräche mit ihm und las seine *Geometrie der Kunst und des Lebens*. Ich wandte mich Fra Luca Pacioli zu, dem Freund Leonardo da Vincis und Vater der göttlichen Proportion. Ich entdeckte in den Regellinien, die Matila Ghyka über das Gesicht einer Schwedin legt, daß der Kreuzungspunkt genau auf dem linken Ohr liegt, in der Höhe des Schönheitsflecks von Gala und Picasso. Eifrig machte ich mich daran, die Legitimität des Wortes »Schönheitsfleck« zu entdecken. Hatten die Alten, erzogen in der platoni-

schen Wissenschaft von den Ideen, den idealen Ur-
bildern, nicht in gewissen Flecken Bezugspunkte der
vollkommenen Harmonie gesehen? So verknüpfte
die winzige Erhöhung auf dem Ohrläppchen Galas meine Liebe mit der Passion des Vaters und mit
der ästhetischen Passion: mit der fundamentalen
Kraft und der absoluten Schönheit. Sie erhielt also
einen geheiligten Wert, und wenn ich diesen kleinen braunen Fleck berührte, wurde ich mir lebhaft
der Zusammenhänge meines Lebens und der Universalität seiner Bedeutung bewußt. Schließlich
trieb ich diesen aufgeklärten Wahnsinn bis zum
Äußersten und wollte in diesem Schönheitsfleck, dem
Fixpunkt der Strukturen meiner Persönlichkeit,
auch den Aufenthaltsort meines toten Bruders und
den Kondensationspunkt der biologischen Energie
sehen, einen verklärten Kern der belebten Materie.
Ich ließ ein Lehrbuch der Physiologie kommen und
las dort, daß die Haut eine progressive Entfaltung
lebender Zellen aus den tiefen Schichten ist, begleitet von einem ständigen Absterben – »Mortifika-
tion« –, wobei mich der mystische Anklang dieses
letzten Wortes mit Begeisterung erfüllte. Ferner
erfuhr ich, daß es auf dieser Haut zugleich mit dem
strahlenden Einwirken des Lichts ständig äußeren
Wasserentzug und Verhornung gibt. Die Sonne,
die in die Melaninkörnchen der Keimschicht der
Haut eindringt, erzeugt bei gewissen Wesen banale
Sommersprossen, ohne daß man genau weiß, warum
und wie das geschieht. Ebensowenig weiß man, wie
die bronzene Bräune des Schönheitsflecks zustande
kommt. Ich stelle mir vor, daß eine innere Sonne,
Vorrecht außergewöhnlicher Naturen, von innen
her diese Keimschicht durchdringt und sich so auf
der Oberfläche in einem Schönheitsfleck mani-
festiert – Signatur göttlicher Architekturen. Wohl-

gemerkt, gewöhnliche Menschen können eine große Anzahl davon besitzen, die aufs Geratewohl über die Haut verstreut, ohne Ordnung und auf prosaische Art verteilt sind. Aber bei Wesen von psychisch ungewöhnlicher Struktur werden diese Schönheitsflecke zum Widerschein dieser inneren Sonne, dieses Gottes in ihnen. Ein deutscher Forscher, dessen Namen ich vergessen habe, hat zahllose vergleichende Untersuchungen an menschlichen Gesichtern aller Rassen angestellt, um durch Abklärung zum typischen Menschenantlitz zu gelangen, zu einer festen Struktur der Schönheit, wie sie in der Morphologie eines jeden einzelnen eingeschrieben ist, jedoch in der Ausprägung unendlich verschiedene Züge annimmt. Der Mann hat mit Zehntausenden von Fotos gearbeitet und gezeigt, daß dieses Muster verschwommen hinter jedem Gesicht erscheint. Ich frage mich, ob dieses vorhandene und unsichtbare Muster nicht bei gewissen, sehr herrlichen Menschen erhalten geblieben und zu einem einzigen Schönheitsfleck zusammengefaßt sein könnte, in dem Anzeiger des Goldenen Schnitts. So habe ich in meinem stets wachsamen Wahnsinn vielleicht eine universale Bezeichnung, ein Diagramm der göttlichen Persönlichkeit, den angelischen Personalausweis des Menschlichen entdeckt.

Es ist weniger Narrheit in meiner Methode als Methode in meiner Narrheit, und deshalb sage ich immer wieder, daß der Unterschied zwischen einem Narren und mir der ist, daß ich kein Narr bin. Innerhalb meines Systems war es von ganz monarchischer Logik, daß ich auf der köstlichen Haut von Galas Ohr den Stempel, das Siegel der Echtheit meiner Passion, finde und unter der Form dieses heiligen Plätzchens die Hostie der väterlichen Kommunion. Ein solches Mal bei Gala und Picasso zu entdecken führte mich zu einer totalen Erkenntnis des eigenen Ichs und zur Regulierung meiner Besessenheit und meines Taumels. Ich sah darin überdies den Stern des Genies meines toten Bruders, des Ichs, das zweimal geboren wurde. Ich sah darin den Schlußstein meiner Persönlichkeit und den Mittelpunkt meines Genies. Wenn dann schließlich das dalinische Unbewußte Leda, die kosmische Mutter der göttlichen Zwillinge, hinter Gala erscheinen läßt, kann ich den Kreis schließen und mir gestatten, in aller Legitimität meinen Vater, meinen Bruder, meine Mutter und die Schönheit zu besitzen. Dieser Schönheitsfleck, der den Körper Galas abschließt, schließt meinen Innenraum ab.

Daß sich meine Passion für Gala auf diesen Punkt konzentriert, ist nicht nur eine Auswirkung des Nachdenkens. Übrigens ist das Nachdenken bei mir niemals eine absolute Tätigkeit, sondern eine Analyse und eine rangmäßige Ordnung der inneren Antriebe. Insoweit ich spanischer Mystiker bin, bin ich Über-Realist und gehe vom Konkreten aus, um dorthin zurückzukehren, und ich wäre nicht so erregt gewesen, wenn dieser Schönheitsfleck nicht gerade der Teil von Galas Körper wäre, den ich am meisten zu berühren liebe. Unaufhörlich streben meine Finger wollüstig zu Galas Ohr, und diese Bewegung ist von den meisten meiner Meditationen nicht zu trennen. Auch mein Vater berührte, wenn er meditierte. In den Augenblicken unruhigen Nachdenkens suchte er auf dem kahl gewordenen Schädel einige Haare und zwirbelte sie. Es war meine Zukunft, die ihn beunruhigte. Er drehte diese Strähne zwischen Daumen und Zeigefinger und dachte: »Dieser Junge hat wunderbare Ideen, aber er wird, von Läusen bedeckt, enden; er führt ein verrücktes Leben, und die Sachen, die er malt, sind idiotisch.« Bei den grämlichen Meditationen hatte er schließlich die letzten Haare zu einer harten Spitze gedreht, die seitlich an seinem Schädel hervorsprang wie eine Rundfunkantenne, die er herauszog, um die Stimme seines Kummers zu hören. Ich kenne keinen Schmerz, und deshalb berühre ich, um meine Lebensfreude zu erhöhen. Wenn ich mich inspiriert fühle, spüre ich unter meinen Fingern gern die kaum wahrnehmbare Erhebung auf dem göttlichen Ohr. Es liegt etwas Liturgisches darin, ein Ritus und eine Rückkehr zu den Quellen.

Nun muß ich erklären, daß meine Liebespassion ihrer geistigen Färbung nach vom proustschen Typ ist, das heißt, daß sie in jedem erfüllten Augenblick eine Anhäufung von Bildern und Empfindungen von einer ausgezeichneten Schärfe enthält. Ich besitze die noch wachsende Gabe der eidetischen Anschauungsbilder. Ich kann keine heftige Lust empfinden, wenn mein Geist nicht wie ein Gewebe gespannt ist, auf dem sich genaue, leuchtende Bilder von dem, was ich schon gesehen habe, übereinanderlagern und ineinanderspielen. Es ist eine nicht zu greifende Gaze, der Feenhimmel, dessen Farbe unbeschreiblich, bewegend und schillernd ist, ein sichtbares Erschauern.

Ich bin in lyrischer Stimmung. Ich beschwöre Dinge, die geeignet sind, mich zu entzücken, auf die Leinwand meines Geistes. Gala ist da. Dann berühre ich sie am Ohrläppchen und mache daraus meine Aladinslampe. Alsbald steigen in harmonischer Gleichzeitigkeit alle Höhepunkte meines Lebens sichtbar herauf. Alles muß gleichzeitig erscheinen. So muß zum Beispiel in diesem einen Augenblick der Kirchturm von Gerona dasein, der von Delft, die untergehende Sonne von Venedig, ein erstaunliches Gespräch, das ich einmal mit einer Frau geführt, und die besondere Hitze eines Nachmittags, an dem ich masturbiert habe, usw. Schließlich eine ganze Oper von verschütteten Augenblicken, die mit der Intensität einer absoluten Gegenwart wiederauftauchen. Ich übe mich immer mehr in dieser Beschwörung verblüffender »Gegenwarten«. Kein anderer Genuß kommt diesem an Intensität gleich, und er ist nur auf dem Weg über Gala möglich. Genau wie für mich das ganze physikalische Universum im Bahnhof von Perpignan zusammenläuft, so läuft mein ganzes Gemüts- und visuelles Universum in Gala zusammen und bedient sich dazu dieses moirierten Gewebes, auf dem sich immer weniger zahlreiche, aber immer intensivere Bilder ordnen. Ich beschränke die Vielfalt zugunsten der Qualität der Empfindung. So geschieht es, daß schließlich viele Vergegenwärtigungen ihre Notwendigkeit in meinem Leben verlieren. Es tritt Abklärung ein. In den Kinderspielen oder in den Träumen beschließt man plötzlich, daß dieser Gegenstand, jene Person unnütz oder störend werden; man löscht sie mühelos mit einem einzigen Wischer des Radiergummis des Denkens aus.

Beispielsweise habe ich als Heranwachsender oft auf dem Dachboden masturbiert, während ich zusah, wie sich die Sonne auf den Kirchturm von Figueras herabsenkte. Darauf sah ich, daß dieser Kirchturm dem von San Narciso in Gerona ähnelte. Später entdeckte ich eine gewisse Übereinstimmung mit dem von Delft, so daß ich nun, um zum Genuß zu gelangen, diese drei Kirchtürme in einer erhabenen Übereinanderlagerung auf der Netzhaut zusammenfassen mußte, um so erhabener, als Vermeer van Delft eine Karte von Spanien gemalt hatte, auf der Port Lligat und Figueras verzeichnet waren!

Leider funktionierte das nicht. Ich ging geistig von Vermeers farbiger Karte aus, besaß jedoch vom Turm der Kirche San Narciso nur eine Schwarzweißfotografie. Und das schlimmste war, daß ich mir den Kirchturm von Figueras nicht mehr genau vorzustellen vermochte, da er während des Bürgerkriegs dem Erdboden gleichgemacht worden war. Solche Schwierigkeiten lähmten den Genuß, der bei mir an zahlreiche Nebenbefriedigungen gebunden ist. Ich muß in Gedanken über alles verfügen können, was ich an Wunderbarem gesehen und erlebt habe: solches Licht, solcher Schatten, diese Form, jene Farbe. Deshalb gründet sich für mich alles auf dieses Moiré, das die Rangstufen schaffende Beweglichkeit des Blicks begleitet, also vom Gemälde bis zu den höchsten Lüsten des Geistes, ohne die es keinen wahren fleischlichen Genuß gibt.

Ich habe mich bemüht, in der Malerei die Wirkung der Übereinanderlagerung von Bildern zu finden, und am 17. November 1964 habe ich auf dem Bahnhof von Perpignan die Möglichkeit entdeckt, mit Ölfarben in der dritten Dimension zu malen: durch das Eindrücken mikroskopisch kleiner Muster in Form parabolischer Linsen – vom Fliegenauge angeregt – in die Oberfläche. Seitdem kann ich das stereoskopische Phänomen von Moiré erzielen.

Pauwels hat mich darauf aufmerksam gemacht, daß mein Wunsch, im Augenblick des Genusses alle möglichen und glänzenden Augenblicke der Welt und meines Lebens zu beschwören, eine gewisse Ähnlichkeit mit der Mythe vom Aleph hat, die einer Erzählung von Jorge Luis Borges als Stoff dient. In dieser Novelle steigt der Held in eine Höhle hinab und sieht, wie sich in einem Punkt dieser scheinbar ganz alltäglichen Höhle in blendender Plötzlichkeit tausend Momente der Welt und seines

eigenen Lebens übereinanderlagerten und die Kraft
der Gegenwart erhielten. In der Hinsicht bin ich
wie diese Gestalt, wenn ich in das Ich hinabsteige
und den scheinbar alltäglichen Punkt erreiche, der
auf dem rechten Ohr Galas liegt.

Mein ganzes geistiges Leben ist als Aufzeichnung
von Erscheinungen zum Zweck einer orgiastischen
Total-Übereinanderlagerung geformt. Da gibt es
einen Teil der Rue de Rivoli, den ich erhaben finde,
das Stück vom Hôtel Meurice bis zur Place Ven-
dôme. Diesen Teil lasse ich immer im letzten Augenblick »herauskommen«. Aber das wichtigste ist
diese Ausscheidung überflüssiger Bilder, die ich beim
Älterwerden vornehme. In dem gleichen Maß, in
dem ich an Bildern verarme, nehmen die bleibenden
eine immer großartigere Klarheit an und halten
mich auf der äußersten Spitze des Ichs oder vielmehr
jenes Erwachens, ohne das ich nicht ich selber wäre.

Diese Bilder funktionieren nur mit Gala, die übrigens das einzige Wesen ist, in das mich zu ergießen
ich Verlangen habe. Ich schwöre, daß ich den Liebes-
akt immer nur mit Gala geübt habe. Das will man
mir nicht glauben, weil ich viel Zeit darauf verwende, erotische Spiele zu erfinden und zu organisieren. Ich werde bald von der Erotik als Passion
sprechen. Bei diesen Spielen geschieht es allerdings
bisweilen, daß ich die Spannung mechanisch besei-
tige. Aber in Wahrheit empfinde ich als Maler vor
allem die zerebrale Lust des Voyeurs. Ich liebe es,
Körper, von der Begierde belebt, zu betrachten,
doch diese Lust steigt selten in die Regionen des
Sexus hinab, und es ist niemals geschehen, daß ich
mich einer andern Frau als Gala hingegeben habe.

Ehe ich sie kennenlernte, war ich überzeugt, im-
potent zu sein. Beim Baden hatte ich die Ge-

schlechtsorgane meiner Gefährten betrachtet und traurig festgestellt, daß sie alle viel größer waren als meins. Außerdem hatte ich einen grausam pornographischen Roman gelesen, in dem der Casanova vom Dienst erzählte, daß er, wenn er in eine Frau eindrang, sie krachen höre wie eine Wassermelone! Sofort sagte ich mir: »Du bist bestimmt unfähig, eine Frau wie eine Wassermelone krachen zu lassen.« Später habe ich erfahren, daß es sich um das Geständnis eines Sodomiten handelte. Doch das Übel war, wie man so sagt, bereits geschehen ...

Als ich mich Gala näherte, entdeckte ich, daß ich in diesem Punkt normal war. Ich habe in meinen Orgasmen mit ihr alle visuellen Reichtümer zusammenströmen lassen, was bei meinen erotischen Spielen ausgeschlossen bleibt. Wenn es bei solchen Spielen geschieht, daß ich masturbiere, sehe ich im letzten Augenblick fast immer ein leidenschaftlich vertrautes Bild, etwa meinen toten Vater. Doch das proustsche Gewebe wollüstiger Erinnerungen ist allein mit und für Gala geknüpft, und ich gelange in einer natürlichen und süßen Erregung innerhalb einiger Minuten zum Zerreißen, zur Explosion. Die Bilder strömen sofort ein. Sobald sie vollständig da sind, führe ich sie zur Vernichtung, aber ich glaube, daß der Orgasmus dabei nur ein Vorwand ist. Das Wesentliche liegt im Genuß der Bilder.

Meine Treue hat erhabene Gründe. Sie hat jedoch auch groteske Gründe. Ich muß gestehen, daß ich immer schreckliche Angst vor Geschlechtskrankheiten gehabt habe. Das habe ich von meinem Vater. »Die Geschlechtskrankheiten«, verkündete er, »sind so entsetzlich, daß ich ein Buch mit farbigen Bildern darüber machen will. Ich werde es auf das Klavier legen, und die Menschen werden einen solchen

Abscheu empfinden, daß niemand mehr wagen wird, die Gefahren eines zufälligen Verkehrs auf sich zu nehmen.« Danach habe ich mir eine gewaltige Theorie aufgebaut, die so weit ging, daß ich mich auf dem Höhepunkt des Surrealismus, wenn man mich in Paris in ein Bordell schleppte, in einem Abstand von zwei Metern befriedigte, weil ich glaubte, ich könnte mir sonst eine Mikrobe zuziehen, die in der Luft schwebte! Ich habe sehr lange nach falschen kindischen Theorien, Befürchtungen und idiotischen Ängsten gelebt, von denen mich Gala geheilt hat. Ohne sie wäre ich verrückt geworden.

Diese und andere Wahnvorstellungen haben mich mehrere Male fast umgebracht. Jedesmal hat mich Gala zu mir selbst zurückgeführt. Ein Beispiel: Als wir die erste Zeit in Cadaques zusammen lebten, hatte der Sohn Lydias, jener Verrückten, deren Geschichte ich in meinem Buch »Das geheime Leben des Salvador Dali« erzählt habe, eine manisch-depressive Psychose. Da ich ein wenig von Psychiatrie verstand, machte ich mir den gemeinen Spaß, diesen Zustand jeden Tag ein wenig zu steigern; das tat ich aus Neugier und ohne mich schuldig zu fühlen. Der Winter kam. Nach schrecklichen materiellen Schwierigkeiten erlebte ich damals eine ruhige Periode. Wir hatten keine Geldsorgen mehr, ich malte ein ziemlich gutes Bild, die Zeit war herrlich. Eines Tages begegne ich dem Dorfarzt.

»Und wie geht es Lydias Söhnen?«

»Der eine ist gerade gestorben.«

Das war mein Kranker. Bei einem bestimmten Grad der Psychose weigert man sich zu schlucken und verhungert. Wir kehren ins Haus zurück. Wir setzen uns zu Tisch. Plötzlich sieht mich Gala an. »Du bist ja rot wie eine Tomate! Was hast du denn? Du schwitzt. Du bist klatschnaß.« Ich konnte nicht

mehr schlucken. Ich versuchte eine Anschovis, etwas
Brot, Öl. Ich kaute und kaute. Im letzten Augen-
blick war es mir völlig unmöglich zu schlucken.
Wahrscheinlich als selbstauferlegte Strafe.

Ich bin sehr feige. Ich habe ständig Furcht, daß
sich die Dinge gegen mich wenden. Und ich bin so
abergläubisch, daß ich dauernd auf Holz klopfe.
Nach meinem Manifest gegen die Blinden habe ich
lange um meine Sehfähigkeit gefürchtet. Ich wurde
von der Vorstellung verfolgt, daß ich mir ein Ätz-
mittel in die Augen schütten würde. Und um meine
Angst noch zu vergrößern, verwechselte meine
Tante zwei Flaschen und verbrannte sich die Horn-
haut furchtbar mit Jodtinktur. Nun mußte ich selbst
eine Bindehautentzündung behandeln und war völlig besessen: Hundertmal las ich das Etikett, ehe ich
zum Tropfenzähler griff. Alles erschien mir bedroh-
lich. Der Anblick einer Schere stürzte mich in Entsetzen. Nach dieser Beleidigung der Blinden würde
ich mich bestimmt selbst um das Augenlicht bringen. Das wäre mir übrigens bei meiner Geschicklichkeit mehrmals um ein Haar gelungen. Voriges
Jahr habe ich mir einen Schlag hart neben die Augen
versetzt, und es war ein Wunder, daß ich mit heiler
Haut davonkam. Am Tag des berühmten Masken-
balls in New York, wo ich meine Gesichtskrücken
aus Gold und Rubinen trug, kam ich ebenfalls mit
dem Schrecken davon, und ich frage mich noch heute,
wie das möglich war. Niemand hatte mich beachtet.
Ich trug die Krücke, die die Nase stützte, auf der
Lippe. Das war ziemlich auffallend, zumal die beiden Spitzen in Rubinen endeten. In dem Augenblick, als ich gerade dachte: »Die Leute werden
schon noch staunen!«, rutschte ich aus und fiel. Ich
begreife nicht, daß mir die Spitzen der Krücke nicht
die Augen ausgestochen haben.

Ich konnte also nicht mehr schlucken. Da erklärte Gala folgendes: »Das liegt nicht daran, daß du dich schuldig fühlst, denn das bist du nicht. Aber du hast etwas Schlimmeres getan: Du zweifelst an dir.« In diesem Augenblick hatte ich tatsächlich wieder einmal gesagt, daß ich kein Talent hätte, daß ich lieber Öldrucke machen oder mich mit Psychoanalyse beschäftigen würde, alles andere, nur nicht malen oder zeichnen. Es habe ja schon Velázquez gegeben, es sei bereits alles getan, und man könne es nicht besser machen. Und ich wolle surrealistische Farbdrucke machen! Gala fuhr fort: »Dich quält der Gedanke, du seiest künstlerisch tot. Schlucken hin, Schlucken her, das Kind, das ißt oder nicht ißt, genau das ist es. Mach dich von dem Gedanken an deinen künstlerischen Tod frei und fang an, ordentlich zu zeichnen und zu malen, aber nicht deinen Wahnvorstellungen von Flucht entsprechend, sondern nach deinem Talent, das groß und notwendig ist.« Ich hörte mir diese Ansprache an. Ich versuchte mir einzureden, daß ich Talent hätte. Gala besitzt starke Überzeugungskraft. Und plötzlich merkte ich, daß ich wieder aß, völlig normal.

Gala hat mich von all meinen Ängsten geheilt. Die idiotischen Lachanfälle, die krankhaften Gelüste, sie hat sie ausgelöscht. Sie hat meine Verirrungen in klassische Formen gelenkt und sie geläutert. Und der Klassizismus hat mich aus dem Wahnsinn gerettet.

Ich träumte davon, die Mauern des Hauses, das wir in Cadaques bewohnten, aus Brot zu machen. Ich wünschte mir, daß alle Stühle aus Schokolade wären. Alles, was eßbar ist, erregt mich. Das ist übrigens ein Plan, auf den ich noch heute nicht verzichtet habe. Wir kauften ein anderes Haus im Dorf. Das wurde das Haus, in dem wir uns belustigten: Kitsch, biologische Dekoration, Dali pur, der Gipfel des schlechten Geschmacks. Aber das wurde zurückhaltend beschränkt. Darin liegt der ganze Unterschied. Jetzt mische ich die Dinge immer recht gut. Ich weiß, wo der Wahnsinn beginnt und wo er aufhört. Bei meinen Untersuchungen, Intuitionen oder Erfindungen weiß ich, was ich wahrscheinlich eines Tages finden werde und bei welchen Dingen die Gefahr besteht, daß man sie niemals findet. Früher habe ich wirklich Wahnsinn und Realität miteinander verwechselt. Die Funktion der Realität war bei mir verzerrt. Dennoch ist meine Grundstruktur die eines großen Paranoikers. Aber ich muß wohl der einzige meiner Art sein, der eine so schwere Geisteskrankheit beherrscht und in schöpferische Kraft, in Ruhm und in Freude verwandelt hat. Und das ist mir durch Liebe und durch Intelligenz gelungen. Ich habe Gala gefunden. Durch Liebe hat sie es verstanden, meine Intelligenz zur unerbittlichen Ausübung der Kritik zu zwingen. Aus Liebe habe ich mich bereit gefunden, einen Teil meiner Persönlichkeit in einen sich selbst analysierenden Apparat zu verwandeln; so konnte ich den dionysischen Strom zu apollinischen Leistungen transformieren, die ich mir immer vollkommener wünsche. Meine Methode, die ich die paranoisch-kritische genannt habe, ist die ständige Eroberung des Irrationalen.

Wir haben kein Kind. Das bedaure ich nicht. Ich hege physischen Abscheu vor Kindern. Wenn sie noch klein sind, flößen sie mir Angst ein wie alles, was an den Embryonalzustand erinnert. Später, wenn sie nicht mehr die schwachen Ungeheuer der ersten Zeit sind, erkenne ich sie an. Aber im Grund bin ich nicht darauf aus, daß es Wesen gibt, die meinen Namen tragen. Ich möchte nichts von Dali vererben. Ich will, daß mit mir alles zu Ende ist. Außerdem sind alle Söhne von Genies Kretins. Diese Kinder, die nichts geben, machen einem Schande und tragen den Namen, ohne verstanden zu haben, wer man war. Schließlich ist meine Liebe zu Gala eine geschlossene Welt, da meine Frau der unerläßliche Abschluß meiner eigenen Struktur ist.

Wenn Gala verschwände, könnte niemand ihren Platz einnehmen. Das ist eine absolute Unmöglichkeit. Ich würde allein bleiben. Ich wünsche mir ebenso, daß sie mich überlebt, wie ich mir wünsche, daß sie sich mit mir in einen Heliumzylinder einschließen läßt und mit mir eine Auferstehung erwartet! Aber dafür hat sie nichts übrig. Und das ist mein Kummer. Sie sagt, der Tag ihres Todes wird der herrlichste sein. Wie alle Russen liebt sie den Tod. Dann sage ich ihr: »Ich mache mir keine Sorgen, weil ich, wenn auch durch Heuchelei, einen Weg finden werde, dich mitzunehmen, dich dazu zu bringen, daß du dich mit der Hibernation abfindest.« Sie schreit auf und will nichts davon wissen.

Wenn Gala stürbe, wäre das ungemein schwer zu überwinden. Ich weiß nicht, wie ich damit fertig werden sollte. Aber ich werde es überwinden. Ich werde sogar weiter das Leben genießen, weil meine Liebe zum Leben größer ist als alles andere. Als mein Vater schon alt war, hatte er schreckliche Zahnschmerzen. Tränen schossen ihm aus den Augen. Beim Essen betrachteten wir ihn schweigend. Da schlug er plötzlich gewaltig mit der Faust auf den Tisch und rief: »Gut, ich bin bereit, sofort einen Vertrag zu unterschreiben, daß ich diese Schmerzen in alle Ewigkeit ertragen will, wenn ich nicht zu sterben brauche!« Wenn ich nicht zu sterben brauche, will ich gern ewig unergründlichen Schmerz ertragen ...

Der Tod

Angesichts des Todes ergreift der Mensch, wenn er nicht sehr großherzig ist, die Partei des Menschen. Ich ergreife Partei für Gott und die Ewigkeit, und deshalb bin ich kein Humanist. Ich glaube an das ewige Leben nach dem Tod. Heute morgen male ich eine funkelnde Sardine, die aus dem Meer springt, Teilchen der leuchtenden Substanz, ein Stückchen von Gott, einen Augenblick sichtbar und blendend vor dem Zurückfallen in den Ozean der Schöpfung. Pauwels kommt und zeigt mir Stellen aus dem Essay über den Schmerz von Blanc de Saint-Bonnet. Wer kennt diesen Schriftsteller, nach einem Wort von Barbey d'Aurévilly in das gewaltige Unwissen unserer Zeit vergraben wie ein Diamant in einer Höhle? Blanc de Saint-Bonnet prangerte die geistige Armut unserer Welt an. Er wußte: das große Elend des modernen Menschen würde daraus entstehen, daß er nicht mehr von der Erhabenheit des Daseins überzeugt war. Das ist der Tod: »Die Ohnmacht hat den Willen erstickt, die Verwahrlosung hat dem Herzen alle äußere Hilfe entzogen, aber dennoch ist die Seele eine reine Kraft! Die Stützen sind gefallen, allein der Mensch ist aufrecht stehen geblieben... Wir schafften, nichts ist geschafft; wir sammelten, nichts ist geerntet; wir bauten, nichts steht; wir lebten, und nichts hat gelebt; was wir gewollt haben, vergeudet! Was wir geliebt haben, verschwunden! Was bleibt dann also vom Leben?« Es bleibt, sagt der Prophet: »Jener, der geschafft, gesammelt, gebaut, gewollt, geliebt hat.« ... »Eines Tages werden sich die Welten auflösen, und es wird keine Seelen mehr geben. Von dem geschaffenen Wesen bleibt das Verdienst, weißglühender Stern, der am Himmel leuchten soll.« Bei diesem großartig reaktionären Christen, dem Schüler von Joseph de Maistre, von Ballanche und Louis-Claude de Saint-Martin, den geistigen Majestäten, empört sich die spanische Sprache, die Sprache des Glaubens, immer und immer wieder.

Die schlafende Seele erkennt den Tod an als Ordnung der Natur im Namen der Vernunft. Sie versucht sich mit Schmerz und Verschlagenheit der Wirklichkeit zu unterwerfen. Je mehr sie sich zur Weisheit zu erheben glaubt, desto tiefer versinkt sie in Betäubung. Und wenn sie sich erhebt, dann bestimmt wegen ihrer Ohnmacht und um das Entsetzen dadurch abzuwenden, daß sie sich voller Genuß der Tiefe ihrer Verzweiflung hingibt. Aber, wie ich vor kurzem geschrieben habe, spricht alles für die Ansicht, »daß die Wirklichkeit in sehr naher Zukunft einzig und allein als einfacher Zustand der Depression und der Untätigkeit des Denkens und infolgedessen als eine Reihe von Augenblicken betrachtet werden wird, in denen der Wachzustand aufgehoben ist«. Die erwachte Seele könnte sich nicht mit der Regel abfinden. Allein schon ihr Vorhandensein leugnet die Realität. Angesichts des Todes entzieht sie sich nicht dem Entsetzen, sondern ignoriert die Verzweiflung, denn ihr natürlicher Zustand ist freudiger Eifer in der Empörung. Und deshalb muß ich, zweifellos einer der lebendigsten aller Menschen, der ich mich prächtig aufs Leben verstehe, erklären, daß der Tod eine meiner großen Passionen ist.

Diese Leidenschaft ist ganz spanisch. Ein Abgrund trennt die iberische Intelligenz, die von der Mystik gespeist wird, von der klassischen französischen Intelligenz, und dieser Unterschied wird ebenso spürbar in den ästhetischen Auffassungen. So hat Georges Braque, dessen Werk entschieden französisch, von gutem Geschmack und maßvoll ist, einen berühmten und für mich geradezu haarsträubenden Satz ausgesprochen: »Ich liebe die Regel, die die Erregung meistert.« Dieser tröstliche Satz, der durch die Ateliers lief, hat das schöpferische Genie niedergewalzt, wie die Gartenschere Lenôtres den Parks des 17. Jahrhunderts Kadaverstarre aufgezwungen hat. Als Juan Gris in Paris ankam, lehnte er sich unverzüglich gegen diese Grundsatzerklärung auf, und ich halte diese Auflehnung für großartig, denn mit ihr weist der Wind aus Spanien den kartesischen Unsinn zurück.

Ich füge hier ein, daß Juan Gris der beste aller kubistischen Maler ist, bedeutender als Picasso, weil er wahrhaftiger ist. Übrigens wurde Picasso ständig von dem Wunsch gequält, herauszufinden, wie Gris malte, dessen Bilder technisch immer gut gemacht und von vollendeter Homogenität sind, während es Picasso nie fertiggebracht hat, die Flächen seiner Bilder befriedigend auszufüllen, weil er die Leinwand nur mühsam mit einer spröden Materie bedeckt. Unaufhörlich fragte er: »Was setzt du denn da hin?« – »Terebinthengrün.« Picasso versuchte die Mischung, scheiterte, gab sofort auf und ging zu etwas anderm über – der ungeduldige Gott. Es war die Zeit der endlosen Gespräche. Reverdy begleitete Picasso nach Haus. Vor seiner Wohnung angekommen, bestand Picasso darauf, nun Reverdy wieder zurückzubegleiten. Nicht etwa, um das Gespräch fortzusetzen, sondern weil er zu Juan Gris zurückwollte, um ihn weiter zu befragen. Er trat vor die Bilder, riß die Augen auf bei dieser Dichte der Materie und verschwand höchst erbittert. Ich glaube, seine ganze Tragik und eins seiner Produktionsgeheimnisse liegen darin, daß er nie herausfinden konnte, wie die Großen malten.

Doch zurück zu meinem Vorhaben. Reverdy, der Juan Gris in Paris aufnahm, zitierte nachdrücklich das Wort von Braque. Gris wurde blaß und rief: »Aber das ist genau das Gegenteil von dem, was ich empfinde, von dem, was wir in Spanien denken! Wir lieben die Erregung, die die Regel meistert!« Das faßt auf dem Weg über die Ästhetik die ganze superhumanistische, heroische und religiöse Auffassung vom Leben zusammen, die meinem Genie und dem Genius meines Volkes entspricht. Daß unser inneres Feuer in den stärksten Flammen lodere, damit es die Regel zur Weißglut erhitzt und sie modifiziert! Daß unsere innere Wirklichkeit so stark sei, daß sie die äußere Wirklichkeit korrigiert! Daß unsere Passionen verzehrend seien, daß aber unsere Lust zu leben noch größer sei, damit wir sie verzehren!

Angesichts des Kunstwerks wie angesichts des Todes ist meine Einstellung das Gegenteil von französischer »Vernünftigkeit«. Ich verachte Montaigne. Dieser frostige Mann, Urbild der Vernünftigkeit, behauptete, daß wir unbedingt dauernd an den Tod denken müßten. Aber um ihn zu zähmen. Um ihn zu einer vertrauten Angelegenheit, einer natürlichen Sache zu machen. Kurz, um ihn auf das zurückzuführen, was er nicht ist: ein Gesellschafter, ein lauwarmes und neutrales Wesen. Um der Furcht zu entgehen und Vernunft zu wahren, schminken wir die Wirklichkeit. Wenn der Tod dann an unsere Tür klopft, tun wir, als ob wir ihn nicht erkennten. Wir behandeln ihn als treuen Bekannten, fordern ihn auf, sich zu uns ans Bett zu setzen und es sich bequem zu machen. Deshalb ist diese Vernünftigkeit ein sanfter Irrsinn, eine Beugung der Wahrheit, eine Verfälschung des Wesentlichen. Ich pfeife darauf! Wieviel authentischer, klüger und erhabener erscheint mir dagegen der Ausruf des heiligen Johannes vom Kreuz! Er sagte: »*Ven, muerte, tan escondida que no te sienta venir! Porque el placer de morir me pudiera dar la vida!* Komm, o Tod, so heimlich, daß ich dich nicht kommen fühle! Denn die Lust zu sterben könnte mir das Leben wiedergeben.« Darin liegt die spanische Seele in ihrer ganzen Herrlichkeit! Wie sollte man danach die bürgerliche Fadheit Montaignes nicht empfinden? Oh, unaufhörlich gegenwärtiger Tod, ich beschwöre dich, überraschend zu erscheinen, denn ich liebe dich zu sehr, und die Wollust, dich zu umarmen, grenzt an meine Wollust zu leben! Rilke sagt, daß wir alle unsern eigenen Tod sterben. Daß wir ihn uns heimlich wünschen, hindert uns nicht, ihn jeden Tag in seinem phantastischen Gewand zu erkennen. Von Tag zu Tag, o Tod, sehe ich dich verführerischer, märchenhafter, fremder, und eine verhängnisvolle Neugier bemächtigt sich meiner, die ebenso schwindelerregend ist wie das jauchzende Dasein.

Tod, du gehörst nicht zu meinen persönlichen Bekanntschaften; du bist vielmehr meine tiefste Unbekanntschaft, und die Lust zu wissen verzehrt mich. Da ich jedoch kein großer Verschlafener bin, verzehre ich diese Lust. Ich denke ständig an den Tod; ich arbeite unaufhörlich an der Frage des Todes. Ich mische den Tod in all meine schöpferischen Akte und spiritualisiere ihn so immer mehr, indem ich seinen Geist in meine Träumereien, meine Gedanken, meine Erregungen, meine Genüsse, in mein Fleisch und meine Knochen hineintrage. Je stärker ich mir der Erhabenheit des Daseins bewußt werde, desto mehr erfahre ich die Gegenwart des Todes. Je stärker sich diese Gegenwart bestätigt, desto besser lebe ich, und desto mehr nimmt meine wesentliche Heiterkeit zu. Dennoch möchte ich betrügen. Ich sammle Gold, um mich im Augenblick des Verscheidens in Kälteschlaf versetzen zu lassen. Ich will dem Tod einen Streich spielen und während des nächsten Jahrhunderts drei-, viermal aus meinem Heliumzylinder auferstehen, den Schnurrbart hochgezwirbelt und den Stock in der Hand. Ich weiß jedoch, daß die Vernichtung tödlich ist. Vielleicht erleuchtend. Vielleicht eine Apotheose. Aber tödlich. Deshalb verhalte ich mich wie der heilige Augustin dem Glauben gegenüber. Er wußte, daß ihm der Glaube, diese andere aufflammende Vernichtung, bald auf die Schultern fallen werde. Er betete jeden Abend zu Gott, er möge ihm den Glauben schenken. Doch als er eine Zeit der Vergnügungen durchmachte, vergaß er nicht hinzuzusetzen: »Ja, schenk mir den Glauben, mein Gott, aber warte noch fünf, sechs Tage!«

Der Einfluß meines atheistischen Vaters, meine materialistische Erziehung hindern mich daran, ohne weiteres an das ewige Leben und die Auferstehung des Fleisches zu glauben. Ich bin katholisch ohne den Glauben, und ich mache den Umweg über die Naturwissenschaft, um wieder zur Glaubenslehre zu gelangen. Die Physik lehrt mich auf poetische Weise das ewige Leben, doch ich zweifle, ob es individuell ist oder, richtiger, ob es eine Form besitzt, die für unsere lebendige Natur vorstellbar ist. Ich kämpfe gegen diesen Zweifel an. Innerlich lehne ich mich auf. Ich beanspruche im Jenseits ein Leben, in dem die Erinnerung erhalten bleibt. Ich will gern auf die ewigen Glückseligkeiten verzichten, wenn ich mich im Jenseits aller Dinge erinnere! In der Auferstehung des Fleisches liegt unstreitig die geheimnisvollste und mächtigste bewegende Kraft der Religion! Das zwingt uns, ihr anzuhängen, ob wir wollen oder nicht – und mich zu allererst. Ich weiß sehr wohl, daß Leibniz durchaus recht haben könnte und daß es sich um eine andere Existenz auf andern Strukturen handelt. Wahrscheinlich ist die Formulierung des Dogmas symbolisch, und die verklärten Korpuskeln, aus denen wir uns nach dem Tod wieder zusammensetzen, haben nichts mit Fleisch zu schaffen. Unsterblichkeit, gewiß, aber Blendung, Erweiterung, abstrakte Großartigkeit. Dennoch ist mir die Vorstellung, daß sich meine Gestalt verändern könnte, selbst wenn es sich um hohe Verklärung handelt, offen gestanden unangenehm. Eine wissenschaftliche Theologie tröstet die Vernunft, ohne auf das tiefe Begehren zu erwidern. Und wer hat recht? Mein Begehren oder die Vernunft? Ich heiße Begehren. All diese Geschichten von Elementarteilchen, von Protonen, Antiprotonen und pi-Mesonen verlocken mich und reißen mich hin – aber sie gefallen mir nicht. Ich möchte an die Auferstehung des Fleisches glauben können, ausdrücklich an die vollständige Auferstehung meines wirklichen Fleisches. Leider geht aber ein Teil meines Geistes, der in diesem Jahrhundert lebt, von den Naturwissenschaften aus. Die Wissenschaften sind heute für die Verständigen der das Leben ermöglichende Schatten des Glaubens. Zur Zeit von Auguste Comte erschien es legitim, an nichts zu glauben. Man meinte, die unwiderlegbaren Beweise für einen absoluten Materialismus zu besitzen. Franz Toussaint schreibt in seinen Erinnerungen an Lenin: »Hoffentlich verlassen Sie mich nicht, sagte

Lenin zu mir. Ich habe heute mit keinem Menschen gesprochen. Von neun bis drei Uhr habe ich mich nicht aus der Nationalbibliothek weggerührt, wo ich mich in die alberne *Positive Philosophie* von Auguste Comte vertieft habe. Dieser Schwachkopf hat seinen Vornamen nicht umsonst vom Hanswurst übernommen.« Später, mit Max Plancks Quanten, kam man auf den Gedanken, daß sich uns die Materie völlig entziehe und daß das einfache Sichtbare nur die Illusion sei, die ein vielschichtiges Unsichtbares schafft. Und die Gelehrten gerieten in eine krampfhafte Gewissenskrise. Danach blieben nur noch sehr wenige unter ihnen Positivisten, abgesehen von den Idioten. Der moderne Geist hat die Notwendigkeit des Befremdenden in den physikalischen Grunderscheinungen erkannt und sich damit Gott wieder genähert – oder mindestens den metaphysischen Gebieten des Denkens. Ich prophezeie die Rückkehr zu einer apostolischen und römischen Auffassung von Leben und Universum nach einer katastrophalen Säuberung, bei der das, was befleckt ist, gewaschen, das, was da dürre steht, getränkt, das, was irre geht, gelenkt wird.

Es ist nicht gesagt, daß das Religiöse im Galopp zurückkehrt. Wenn du keinen Glauben hast, habe wenigstens eine Heimat. Meine Heimat ist Spanien, der glühende Feind der rationalistischen Hegemonie. Und hier will ich Ihnen nun die symbolische, wahrhaftige und beispielhafte Geschichte von den Fliegen des heiligen Narciso erzählen.

In Delft wurden im Abstand von wenigen Monaten zwei Männer geboren, die zwei entgegengesetzte Weisen vertraten, die Dinge zu betrachten: Vermeer und Leeuwenhoeck. Vermeer, das ist das Auge der Seele, das das Unsichtbare durchdringt, um zu den angelischen Wirklichkeiten der Natur zu gelangen. Für ihn gehört das Sehen in die Ordnung der Gnade. Leeuwenhoeck ist ein Ingenieur; er verbessert das Mikroskop. Das Sichtbare zu durchdringen gehört für ihn in die Ordnung der Technik. Er entdeckt die roten Blutkörperchen und die Spermatozoen. Das Auge der Vernunft glaubt, die Geheimnisse der belebten Materie enthüllt und ihr Mysterium in diesem Gewimmel offenbart zu haben. Als Peter der Große, Zar aller Reußen, herbeieilt, um dieses Bild des Lebens durch die holländischen Lupen zu betrachten und sich damit vor der Wissenschaft zu demütigen, beginnt der Materialismus die Welt zu erobern. Man tritt in die Epoche der »Lichter« ein, während Vermeer aus den Dingen das spirituelle Licht herauslöst. Die Spanier weisen hartnäckig die Feuer der Revolution zurück, die mit Hilfe der geschliffenen Gläser Leeuwenhoecks entzündet wurden, und weigern sich, das Geheimnis des Lebens anderswo als in ihrer Seele zu suchen. Sie verwerfen die Naturwissenschaft, die Vernunft und selbst die Freiheit. Als die napoleonische Armee angeblich als Befreierin in Madrid eindringt, schreit dieses irrationalste Volk des Abendlandes: »Es leben die Ketten!« Für das Wunder gegen die Naturwissenschaft! Für die Erleuchtung gegen die Lichter! Für Vermeer gegen Leeuwenhoeck!

Zwei bedeutende, völlig verschiedene Orte – Delft in Flandern und Gerona in Spanien – ähneln sich, um sich besser widersprechen zu können. Der Kirchturm von Gerona hat die gleiche Struktur wie der von Delft. Doch in Gerona wurde Spanien zum zweitenmal getauft, das Land, dessen Name »Stachel« bedeutet. Als die schänderischen französischen Husaren und Dragoner in die Kirche eindrangen, erhob sich ein ungeheurer Schwarm wütender Fliegen vom linken Bein des heiligen Narciso und überfiel die Soldaten der Vernunft. Mit Hilfe der Zehntausende von parabolischen Facettenaugen dieser wunderbaren Insekten verwandelte sich Leeuwenhoecks kaltes Licht in einen tödlichen Laserstrahl. Bis ins Mark gestochen, von Seuchen befallen, strömten die Truppen des französischen Esprits zurück. Die Sonne des Glaubens, reflektiert von den Myriaden Linsen geheiligter Fliegen, vernichtete die Regimenter der vernünftigen Ordnung und zwang sie, zu dem Kartesianismus zurückzukehren, der von seiner eigenen Pestilenz befallen war. Ich sehe darin eine entscheidende Episode der allgemeinen Weltgeschichte, das fromme Bild der Unverletzbarkeit des Glaubens. Ich glaube, daß wir mit den Fliegen noch nicht fertig sind. Rechtzeitig werden wir Schwärme von Stachelträgern aus den unverweslichen Leibern der Heiligen hervorbrechen sehen.

Die spanische Mystik, die Leidenschaft für den Tod ist mir eine spirituelle Freude. Als Ästhetiker und Erotiker versuche ich den Orgasmus, den erzengelhaften Genuß meiner Vernichtung zu verzögern, und deshalb denke ich an die Hibernation. Die Rechtfertigung dafür sehe ich darin, daß ich, da ich ein Genie bin, noch zahlreiche Jahre brauche, um mein Werk zu vollenden. Doch das ist eine Ausflucht, ein Alibi, das ich der Vernunft zugestehe. In Wirklichkeit wünsche ich mir, in meiner jetzigen Gestalt so lange wie möglich zu bestehen und am Ende den göttlichen Tod zu wissen. Nicht berühren, obwohl man doch weiß, daß man berühren kann, das Begehren durch den Verzicht steigern, das Warten auf einen Paroxysmus der Lust bis zum äußersten verlängern. Mit meinem Tod praktiziere ich die Erotik der Troubadoure, die auf den höchsten Genuß der Verwandlung Dalis in einen Engel abzielt!

Die kunstvollste Beschreibung des Himmels stammt von dem genialen und unbekannten Philosophen Francisco Pujols. Nach Pujols werden wir alle Engel, nachdem wir die Stufen einer ontobiologischen Leiter erklommen haben, die beim Mineral anfängt, über das Vegetale, dann das Animalische zum Menschen führt. Das Werk von Pujols ist zum allergrößten Teil unveröffentlicht geblieben. Das übrige ist in katalanischen Ausgaben mit begrenzter Auflage vergraben und heute unauffindbar. Dabei handelt es sich um einen Schatz: das moderne Erbe von Raimundus Lullus und Raimund von Sabunde. Ich glaube fest, daß in der Stunde der großen notwendigen Umkehr das katalanische Denken das Abendland beherrschen wird, weil diesem Denken die vergessenen Grundsätze der Senkrechten innewohnen. Und genau wie Pujols bin ich kein Partikularist, sondern ein Verfechter der katalanischen Hegemonie. Meine Prophezeiung ist nicht irrsinnig. Die römischen Legionen hätten sich vor Lachen gekrümmt, wenn man ihnen vorhergesagt hätte, daß das Denken Judäas nicht nur das Römische Reich, sondern auch den noch nicht entdeckten amerikanischen Kontinent überfluten werde. Eines Tages wird die Notwendigkeit die katalanische Weltschau zur Allgemeingültigkeit berufen, eine Weltschau, in der sich phönizischer Scharfsinn und arabischer Fanatismus miteinander mischen.

Wollte ich sagen, daß ich ständig an den Tod denke, so wäre das unzureichend. Ich trage seine märchenhafte Gegenwart in mir. Besonders im Augenblick des Essens. Keine Mahlzeit, bei der sich mir nicht klar und deutlich die Realität des Todes

zeigt und sich in ihrer unbedingten Legitimität aufdrängt. Während mir der Geruch gegrillter Sardinen in die Nase steigt, wende ich mich dem Friedhof
zu, und meine gastronomische Glückseligkeit erhöht
sich bei diesem Bewußtsein des Todes. Mein Appetit hebt Gräber aus. Während ich die geeignetsten
Fleischstücke verzehre, die aus dem Meer kommen,
sage ich mir: »Ich bin nicht tot. Ich lebe, ich lebe!«
Und das Wasser läuft mir doppelt im Mund zusammen, obwohl ich auch diesen eklatanten Beweis
koste. Ständig beschäftige ich mich damit, den Tod
mit jener Heiterkeit zu vereiteln, die in jedes Spiel
einfließt: »Paß auf, setz dir was auf den Kopf, erkälte dich nicht!« Das heißt, daß ich mich sterblich
weiß. Trotzdem erscheint mir der Tag meines Todes
weiter unwahrscheinlich. Mitten in der furchtbarsten Epidemie wäre ich – wenn auch von Schrecken
erfüllt – noch imstande, mich für unverletzlich zu
halten. Ich spiele auch mit dieser Unverletzlichkeit.
Wenn wir im Wagen wegfahren: »Und wenn wir
nun einen Unfall haben?« Sofort danach: »Es wäre
wirklich merkwürdig, wenn wir, nachdem ich das
gesagt habe, tatsächlich einen Unfall hätten...«
Und darauf: »Indem ich das denke, habe ich bestimmt alle Gefahren beseitigt.« Und schließlich
verdanke ich es diesen hypothetischen Unfällen, daß
sich meine Lebenslust vertieft. Denn natürlich ist
meine Passion für den Tod doppeldeutig, beherrscht
von der menschlichen Ambivalenz. Ich begehre ihn
und ich fliehe ihn, ich liebe ihn, und er erschreckt
mich. Doch wenn der letzte Tag nicht zu vermeiden
ist, dann erwarte ich mir von ihm eine Art von
herrlichem Orgasmus, in dem wie in *Tristan und
Isolde* die gesamte angesammelte Erotik explodiert
und sich mit unvergeßlicher Gewalt und Süße entlädt. Und in diesem Orgasmus wird all das, was ich

in mir an Überbewußtem geschaffen habe, ausbrechen und mit Blitzesgeschwindigkeit zum Himmel geschleudert werden wie ein Samenkorn, das weit aus seiner Schale herausspringt. Und danach, danach...

Danach, o großes und schwarzes Vaterland, sehe ich eine Reise voraus, die in zwei Teile geschnitten wird. Als ich noch klein war, zeichnete mir mein Vater häufig eine Hieroglyphe, ein sehr langgezogenes O, das unterbrochen war: übrigens das Symbol jenes Schnitts, von dem die Adepten der Halluzinogene oft sprechen. Sie erzählen von einer »Reise«, und diese Reise verläuft stets in zwei Teilen, die durch ein unbeschreibliches Ereignis voneinander getrennt werden. Merkwürdigerweise beschreibt auch das *Tibetische Totenbuch* diesen Augenblick der Unterbrechung am fünften Tag der Irrfahrt nach dem Tod. Und Pauwels weist mich auf die gleiche Etappe bei der Reise der Toten in der unbekannten Tradition der Huitchol-Indianer hin. Für diese geheimnisvollen und verfeinerten Indianer nimmt die Seele des Sterbenden die Gestalt einer Fliege an (in meinen Augen das Vorbild einer verklärten Gestalt). Die Insekt-Seele reist, eingezwängt in die Erinnerungen des Lebens. Am fünften Tag ruft der Oberpriester die Fliege zurück; dazu singt und betet er bei einer Trauerzeremonie. Sie kehrt wieder; sie senkt sich herab, gelenkt von dem Schamanen, der sie auf der Hand empfängt und mit einer Adlerfeder, dem Symbol einsamer Höhen, streichelt. Alle Anwesenden drängen sich herzu. Man spricht zu ihr; sie selbst überbringt durch die Stimme des Priesters den Lebenden die letzten Ratschläge. Daraufhin, endlich von jeder Bindung befreit, erhebt sie sich von neuem und steigt zur Sonne auf, mit der sie sich vereinen wird.

García Lorca, der beste Freund meiner Jugend, stützte sich vielleicht auf eine alte Zigeunerlehre, wenn er uns seinen Tod vorspielte. Er streckte sich auf dem Bett aus, schloß die Augen, wurde steif und zählte die Tage. Sein Gesicht wurde schreckerregend; seine Grimassen imitierten den fortschreitenden Zerfall. Am fünften Tag – in Wirklichkeit ist das der erste Tag, sagte er – begrub man ihn. Er beschrieb uns das Schließen des Sarges, den Leichenwagen. Er wurde auf den schlechtgepflasterten Straßen von Granada durchgeschüttelt. Und schließlich vollzog sich etwas wie eine Apotheose. Seine Züge entspannten sich, die Lippen lächelten. Danach richtete er sich auf und erschütterte unser Unbehagen mit einem rohen Gelächter, das seine überaus weißen Zähne entblößte. Wir verabschiedeten uns. Er blickte uns triumphierend nach, weil er seine Angst auf unsere Gruppe übertragen hatte, und ließ sich aufs Bett zurücksinken und schlief ruhig.

Noch heute erregt es mich, über den Tod nachzudenken, doch jetzt sind es die erhabenen Dinge, die mich dabei beschäftigen. Die ungeheuerlichen Schrecken sind aus meinem Geist verschwunden. Falls mir ein Entsetzen geblieben ist, dann ist es nackt und angemessen: polar wie der Tod selbst. Wenn ich als Kind ein schwarzes Tuch sah, sträubten sich mir die Haare, und die Angst fuhr mir in die Eingeweide. Ich zitterte, wenn man mir nur vorschlug, auf den Friedhof zu gehen und meinen toten Bruder zu besuchen. Bei Nacht vermochte ich nicht durch das Schlafzimmer meiner Eltern zu gehen, weil dort das Porträt dieses Bruders und eine Reproduktion des Christus von Velázquez hingen. Wenn mich der Tod heute erhebt, dann deshalb, weil das Entsetzen, das ihm von Natur aus anhaftet, inzwischen durch die Kanalisation gespült worden ist: ich habe es, da ich mich viel von schauerlichen Bildern genährt habe, verdaut und ausgeschieden. Schon in meiner Jugend hatte ich die Segnungen dieses düsteren Ritus entdeckt. Wie Lorca – aber als Opfer unbewältigter Schrecken – übertrieb ich. Ich rief entsetzliche Empfindungen in mir hervor. Ich durchwühlte meinen Leichnam. Ich sah, ich fühlte, wie Würmer in meinem verwesenden Fleisch wimmelten. Wenn mich das Entsetzen ergriff, mußte ich es übersteigern, mußte die Hölle meiner eigenen Verwesung durchqueren, um die Ruhe wiederzufinden. Endlich kam dann der Schlaf, der Friede, das Vergessen. Aber der wahre Friede liegt nicht im Vergessen. Er findet sich vielmehr in der ständigen höchsten Aufmerksamkeit. Höchste Gegenwart meines Todes ist Gegenwart des Geistes. Und Gegenwart des Geistes ist Freude.

Ich habe niemals einen Menschen sterben sehen. Ich bin zu spät gekommen, um den letzten Atemzug meines Vaters zu erleben. Ich küßte ihn auf den kalten Mund. Er hatte bereits den ersten Tag hinter sich. Der einzige noch warme Leichnam, den ich zu Gesicht bekam, hat eine recht üble Wirkung auf mich ausgeübt. Er war von einer blutigen Decke verhüllt und bewegte sich heftig. Es war ein Fürst, ein Bekannter von mir, den die Windschutzscheibe seines Wagens gerade guillotiniert hatte. Der Tod hatte ihn nach dem Frühstück überrascht, und der Leichnam ließ einen Furz nach dem andern streichen. Da ich wie jedermann geglaubt hatte, daß die Toten ruhige Leute seien, brachte mich dieses Schauspiel erheblich um meine Fassung.

Ich habe mich stets geweigert, zu einem Toten zu gehen, um mir einen Zustand unbeschreiblichen

Elends zu ersparen, der mehrere Tage lang anhält. Ebenso weiche ich den Irren aus, weil ich die Ansteckung fürchte. Über den Besuch bei den Toten hat Pujols das Entscheidende gesagt. Brauch und Herkommen getreu, begab er sich zu einem Nachbarn, der verschieden war. Doch als ihn die Witwe aufforderte, in das Sterbezimmer zu treten, erwiderte er höflich: »Ich werde ihn in vierzehn Tagen wieder besuchen; im Augenblick möchte ich nicht stören.« Es ist wirklich ein Augenblick harter Mühe. Ich liebe die Toten. Es gibt häßliche Geliebte, doch die Toten sind alle schön, verklärt und engelhaft. Jeder Tote ist es wert, daß man den Hut vor ihm zieht. Wir werden von den Toten gesteuert; die mächtigste Kybernetik ist die der Toten. Die Welt ist der Ort des unvollendeten Lebens; jene, die ihr Leben vollendet haben, sind im Himmel. Jede Seele macht sich daran, am Absoluten zu arbeiten, die Substanz des Lebens zu vermehren, ihrem Grad der Nichtvollendung entsprechend. Gewiß, ich habe für die wegen einer gemeinsamen Sache Gefallenen, für die um des Mondes willen Gestorbenen, für die toten Ingenieure und Bürokraten ganz und gar nichts übrig. Ich ziehe ihnen die Menschen vor, die im Leben klug, schön und moralisch waren, die auf einen inneren Antrieb hörten und also etwas wie Künstler der Unsterblichkeit waren. Wenn der Beste stirbt, wird mir sofort bewußt, daß er für mich verscheidet, daß er davongeht, um jene geistigen Regionen zu bevölkern, aus denen ich meine Inbrunst schöpfe. An so einem Abend schlafe ich voller Glückseligkeit ein. Meinem Kopfkisssen, das ohnehin schon dicht gefüllt ist mit sehr großherzigen und entzückenden kleinen Toten, füge ich diesen kostbaren Toten hinzu.

Der Ruhm

*Der wirkliche Ruhm, das ist die wirkliche
Unsterblichkeit – Es gibt keine Vielheit der
Welten – Beschreibung eines Archetyps des
verklärten Leibes im Stil Stendhals – Ich träume
von einem umwälzenden Krieg, alles durch den
Ausguß, und der Auferstehung – Was ich sage,
ist Orakel – Über hypnagogische Bilder und
über die für Phosphene geeignete Linse –
Ich bin die Wohnstatt eines Genius.*

Der Ruhm, sagte Gide, ist insofern ganz zweck-
mäßig, als er schließlich erlaubt, daß man banal ist.
Das ist eine ironische soziale Wahrheit. Doch von
solchem Ruhm will ich nichts wissen. Ich befriedige
meinen Exhibitionismus nach Belieben. Ich genieße
den Ruhm, den man mir zugesteht und den die
wachsenden Medien der kollektiven Verdummung
noch vermehren. Aber für mich bedeutet das Wort
Ruhm etwas ganz anderes, und meine Passion für
den Ruhm ist nicht nur das unbändige Gelüst, in
der Öffentlichkeit zu stehen und bewundert zu werden. Christus in der Glorie, Christus im Ruhm, das
ist nicht Jesus als Nobelpreisträger, das ist die
Offenbarung des verherrlichten Körpers, des verklärten Leibes. Ich will ein solcher verherrlichter
Körper, ein verklärter Leib werden.

Als Karl V. stirbt, blüht eine Rose auf, obwohl es
Winter ist. Ein Vornehmer neigt sich über die sterb-
liche Hülle, richtet sich wieder auf und sagt feierlich: »Ein Leib, der Ehre würdig, meine Herren!«
Aber die Ehre ist nicht genug. Es ist nicht genug,
nur in der Erinnerung der Menschen zu dauern. Ich
will selber ewig dauern. Am Tag des Gerichts will
ich mich als ganzer in der Substanz Gottes wiederfinden. Was kümmern mich die Menschen? Sie sind
nicht mein Ruhm. Gott ist mein Ruhm.

Ich bin kein Neo-Metaphysiker: ich reduziere Gott nicht zu einem Symbol, um mir den Glauben an ihn zu erleichtern. Gott ist nicht der symbolische Name einer unbegrenzten und bedingungslosen Realität, das hieße einer Nicht-Wirklichkeit. Gott ist das wirklich Reale. Gott ist eine Person. Ich lasse den Buchstaben sich nicht in die reine Abstraktion auflösen, um ihm den Geist zu entziehen. In meinen Augen ist der Buchstabe der Geist, und das um so mehr, je mehr er Buchstabe ist. Ebenso wie das ewige Leben ewiger Dali ist mit Schnurrbart, Nabelbruch und allen Erinnerungen – und nicht ein Dunstwölkchen im Kosmos, ein Gran Energie zwischen den Sternen, ein Aufseufzen in der Musik der Sphären. Ewiges Leben ganz konkret, der wahre Ruhm! Ich will für die Ewigkeit ich sein, in einem einzigen Exemplar geprägt, saftreiche einmalige Frucht einer Menschheit, die selber im Weltall einzigartig ist. Ich treibe tatsächlich diese Passion des Ruhms so weit, daß ich die Vorstellung eines bevölkerten Kosmos ablehne. Ich kann eine Vielheit bewohnter Welten nicht anerkennen. Wenn man erwidert, daß das Gewimmel der Galaxien diese Hypothese begreiflich mache, lautet meine entscheidende Entgegnung, daß das Unbegreifliche eher Aussicht hat, wahr zu sein. Teilhard de Chardin hat geschrieben: »Im Maßstab des Kosmos hat nur das Phantastische überhaupt Aussicht, möglich zu sein«, aber das Phantastische wäre eben, daß nur eine einzige Welt unter den Milliarden von Milliarden bewohnt wäre. Und wenn man es schließlich darauf anlegt, mich in die Enge zu treiben, weiche ich in die Höhe aus, da ich eine Lufttasche besitze, die mir beim Fliegen hilft: den Hochmut. Eugenio d'Ors, ein Ausbund an Bildung, verschiebt in einer Vorlesung über Marokko ein Datum um fünfhundert

Jahre. Schüchtern macht ihn ein Schüler darauf aufmerksam. »Kümmern Sie sich weiter nicht darum«,
erwidert d'Ors. »Ich weiß schon, aber es paßt mir
so besser.« Doch ich halte meine Vision für gewiß.
Was bedeuten mir eure Myriaden von Planeten?
Glaubt ihr etwa, daß sich auf der Erde, nur weil sie
rund ist, überall Landschaften für Bilder fänden?
Ein rundes Gesicht hat auch nicht überall Nasen,
nicht wahr? Es gibt nur sehr wenige Landschaften.
Am ganzen Mittelmeer entlang beispielsweise nur
drei oder vier, und das ist nicht einmal sicher. Zwischen diesen Landschaften aufgeschichtete Geologie,
Rohmaterial, nichts. Ebenso geht es im ungeheuren
Weltall: Materie, ungeordnet hingeworfen, für
Menschen nur eine einzige Erde. Wenn ich erfahren
müßte, daß das Weltall bevölkert ist, dann wäre
meine Bestürzung nicht zu übertreffen, und deshalb
verfolge ich die Zeitschriften mit einer Unruhe, die
an Panik gemahnt. Grenzen wir unser Vaterland
ab, wenn wir nicht sterben wollen. Kesseln wir uns
ein. Richten wir uns auf den Mittelpunkt aus. Jede
Destillation ist Reduktion. Ein einziger Ort, der
meinem Wesen völlig entspricht, genügt mir, um
das Weltall zu begreifen. Eine einzige kleine Bucht,
die legitim mir gehört, reicht aus, um die ganze
Schönheit der Welt zu erfassen und auszudrücken.
Und ich genüge mir. Dali lehrt mich das Universale. Meine ganze Arithmetik ist in der Operation
enthalten, die Pauwels formuliert hat: »Ich schreibe
eins und behalte mir Gott.«

Ich habe vom verklärten Leib, vom Körper in der
Glorie, gesprochen und möchte zeigen, wie völlig
fremd die reine Abstraktion meinem Geist ist und
aufgrund welcher wahrnehmbaren, sichtbaren,
greifbaren Tatsachen mein Denkvorgang funktio-

niert. Ich besitze eine genaue Darstellung des verklärten Leibes, oder richtiger, ich kann bis ins einzelne eine archetypische Realität dieser Superrealität beschreiben. Was ich bei Stendhal bewundere, ist die Art, wie er von seinem Besuch in Sankt Peter zu Rom erzählt. Keine verschwommene Begeisterung, kein Clair-obscur, kein Staub im Auge, als er diesen Zentralbahnhof der Christenheit entdeckt. Er macht sich zum Feldmesser und Geometer: die Säulen haben die und die Höhe, ihr Durchmesser beträgt soundso viel usw. Machen wir's also bitte wie Monsieur Beyle. Mein Archetyp vom verklärten Leib ist die *Phyllomorpha laciniata*, ein kleiner Halbflügler, eine Wanze, die mit Vorliebe die *Paranychia* aufsucht, eine duftende, harte Pflanze der Gegend von Cadaques; ein Absud dieser Pflanze wird gelegentlich als Herztonikum verwendet.

Mit neun Jahren entdeckte ich am Meeresufer auf diesem Strauch mit sehr feinen Stengeln Blätter, die sich selbsttätig bewegten. Als ich diese Blätter umdrehte, sah ich verblüfft, wie sich winzige Beine regten. Ich glaubte, ein großes Geheimnis der Natur entdeckt zu haben. Erstaunt über die Schlauheit dieses Insekts, bedachte ich es mit dem katalanischen Ausdruck, der für einen besonders listigen Menschen gebraucht wird: »*Morros de con* – Schamlippen.« Noch heute nenne ich es so, denn das Geschlecht der Frau ist für meine Augen noch immer eine verwirrende Höhle, wo Feuchtigkeiten brodeln, wo die Kinder und die Embryonen herkommen – eine feuchtwarme Falle. Wie Leonardo da Vinci stürze ich mich erbittert darauf, um es zu zeichnen, ohne doch wegen der Mühe, der Interdikte und der Ungewißheiten jemals damit fertig zu werden.

Die tierische Mimese, die sich mir in meiner Kindheit offenbarte, als niemand in meiner Umgebung auf den Gedanken gekommen war, daß ein Insekt Blätter nachahmen könnte, bleibt immer ein Rätsel. Welcher Notwendigkeit entspricht sie? Dem Schutz? Das ist nicht sicher. Diese Wanze ist selten einer besonderen Gefahr ausgesetzt. Und bisweilen gefährdet die Mimese sogar, statt daß sie schützt. Könnte es sich um eine spielerische Tätigkeit handeln? Um eine ästhetische Regung? Um den Gefallen an der Maske? Um die Vorliebe, unsichtbar zu sein? Um das Streben, mit dem All zu verschmelzen? Um eine Rückwärtsbewegung zur ursprünglichen Einheit?

Als ich meinen *morros de con* untersuchte, wurde ich gewahr, daß er ein anderes Leben in sich verbarg, daß dieser so gut versteckte Schelm ein anderes Wesen versteckte. Tatsächlich enthält dieses Insekt einen winzigen Parasiten. Doch es kommt noch besser. Ich mußte feststellen, daß dieser kleine Mime goldene Eierklümpchen von erhabener Schönheit und Ordnung an seiner Unterseite trug. Unter der Lupe erwiesen sich die Eier als sechseckig, untermischt mit fünfeckigen, was nach Ansicht der Entomologen überaus selten ist. Ich denke, daß diese Eier von der Farbe reinen Goldes sind, weil sie einen Anlauf des Lebens auf die Einheit zu darstellen und vielleicht krebsverhindernde Kräfte besitzen. Biologen haben mir versprochen, diese Frage zu untersuchen. So ist diese *Phyllomorpha laciniata* in meinen Augen ein poetisches Zeichen für den verklärten Leib, weil sie aus Gold hervorgeht, weil sie ihren Parasiten besitzt, weil sie in dem Gebiet vorkommt, das für mich der Mittelpunkt der Welt ist, und weil ich, je mehr ich diese kleine Exzentrikerin studiere, um so stärker konzentrisch zu mir selbst und zur Einheit geführt werde. Ohne einen andern Grund zu haben als den Appell an die Verschmelzung, identifiziert sie sich mit diesem katalanischen Blatt, das das Herz heilt, indem es die geheimnisvolle Bewegung des Lebens reguliert. Einer der reinsten Augenblicke meines Lebens war jener, als das Schlagen eines Herzens meinen Samen befreite...

Ich hatte die Kindheit eben hinter mir. Das Mädchen war von tödlicher Blässe und Magerkeit. Es war im Sommer. Ich zog sie in die Scheune. Wir waren gelaufen. Die Erschöpfung und eine gewisse Angst beschleunigten unser Blut. Ein Würgen im Hals, Glut im Kopf, bat ich sie, die Bluse auszuziehen, sich auszustrecken, den schimmernden Himmel zu betrachten, den die Dachluke entzweischnitt, und zu lächeln. Wir schwiegen. Sie wußte, was ich tun würde. Unter ihrer Haut, die gespannter weißer Seide glich, zeichneten sich die feinen Knochen ab, und darüber war ich erstaunt und bestürzt. Unter den Rippen sprang ihr Herz wie ein Frosch. Sie blieb in der Stellung liegen, die Augen zum Himmel gerichtet, ein Jungfrauenlächeln um die blassen, bewegungslosen Lippen. Ich streichelte mein Glied. Ich legte die Spitze auf dieses klopfende Fleisch, und als die Eichel ihr Herz berührte, schmetterte mich der Orgasmus nieder. Mein Gesicht war von Tränen überströmt, das ihre von meinem Leben.

Im folgenden Winter erfuhr ich, daß sie an einer Herzkrankheit gestorben sei. Viele Jahre später, 1949, schuf ich mit dem amerikanischen Juwelier Carlos Alemany eine Reihe von Schmuckstücken. Eins davon ist ein Herz aus sechzig Rubinen, in Feingold eingebettet. Eine winzige elektrische Mechanik läßt das Kleinod im Rhythmus von zweiundsiebzig Pulsschlägen klopfen, und eine Königskrone schließt das Ganze ab. Ich nannte es: das königliche Herz. Ich habe es ihr dediziert.

Das ist die vollständige Beschreibung – im Stil Stendhals über den Vatikan – jener Strukturen, die für mich aus einer Heteroptera, einer Wanze, das Sinnbild des verklärten Leibes machen.

Wir steigen nun mehrere Stufen abwärts, lassen die wahre Glorie hinter uns und beschäftigen uns mit dem irdischen Ruhm. Hier fühle ich mich, das muß ich gestehen, trotz des lärmenden dalinischen Getümmels überfordert. Nicht genug Feuer! Nicht genug Blut! Der künstlerische Ruhm ist fade. Es sind die Kriegstaten, die einen Menschen auf den Gipfel tragen. Der militärische Ruhm ist der höchste und der klangvollste; die größten Schwingen steigen über Leichen und Ruinen auf. Wenn ich vom Ruhm träume, dann habe ich Länder verschlungen, ich habe ein Reich erobert, ich ziehe unter Triumphbogen dahin, ich höre silberne Trompeten und deklamiere einen Aufruf mit erhobenen Armen und rauchenden Achselhöhlen. Leider kann ich das nur träumen. Der Pazifismus breitet seinen Kleister über die Welt aus, UNESCO und UNO werden fetter, gespenstische Geisterruhe schläfert die Seelen ein. Dennoch wünsche ich mir glühend einen katastrophalen Krieg, blitzhaft rasch, ungeheuer zerstörend und verwandelnd, von unerhörter Grausamkeit. Ein riesiges Hinunter-durch-den-Ausguß der schlappen Passionen, der Verweichlichung, der Dummheit, der halbgegorenen Sentimentalität, des eitrigen Denkens, eine apokalyptische Reinigung der verdorbenen Menschheit und eine ungeheure Engelfabrik! Abwasch der Götter! Und das jähe, gewaltige Wachsen des Gewissens! Der Vorteil eines totalen Krieges wäre heute, daß die Menschen in den Genuß guter Informationen kämen. Ganze Völker erhielten Kenntnis von der Unausweichlichkeit ihres Todes binnen kürzester Frist, würden ihre Opferung mit geöffneten Augen erwarten, Sekunde um Sekunde von dem Nahen des Blitzstrahls unterrichtet, und würden, statt zu sterben, ohne je gelebt zu haben, im Sterben eine Minute der Wahrheit erleben. Und welcher Zuwachs an menschlichen Kräften! Nur ein solcher Krieg kann alle Möglichkeiten zusammenführen. Man kann gar nicht überschätzen, wieviel der Krieg zur Bereicherung des Wissens und Könnens beiträgt, welche märchenhaften Fortschritte er mit sich bringt. Wir würden einen riesigen Sprung tun und tausend Jahre gewinnen. Schließlich würden aus dem durchgerührten menschlichen Teig Ungeheuer, andere Wesen, Mutanten hervorgehen; die Lebensenergien würden sich auf paroxystische Art und Weise zum unerwarteten Schlimmeren und zum unbegreiflichen Besseren manifestieren. Der Ruhm verhält sich zur Grausamkeit wie die Rose zum Rosenstock, und die wahren Meister sind die großen Grausamen. Um einen solchen Krieg zu entfesseln, brauchte es Herren ohne Ziel. Ich will sagen: Männer, die weder für das Gute noch für das Böse wirken, sondern für die Erkenntnis, für die Verbesserung der menschlichen Seelenstruktur in dieser Explosion von Leid, Lust und Qual. Hitler war vielleicht ein Rasender, aber er verfolgte so unzureichende Ziele wie die deutsche Hegemonie und den Sieg einer Rasse. Wir wissen noch nicht, welches die Oberen sein werden. Es werden keine Humanitäre sein, sondern Überhumanitäre; sie werden sich nicht mit dem Fortschritt beschäftigen, sondern mit der Umwandlung, und sie werden das Maximum an Ertrag durch ein Maximum an Konflikt zu erreichen suchen. Sie werden uns lehren, was in modernen Zeiten eine Schmiede ist. Wir können das Gold nicht erscheinen sehen, ohne daß intensiv geschmiedet wird. Wir sind dürr, verschlossen, eng. Wir werden das Leben – oder vielmehr das Überleben – nur durch Schändung, Zerreißen, Zerbrechen und Bluten empfangen.

Da es mir gegeben ist, mich im Malen ausdrücken zu können, male ich. Doch zuerst bin ich ein Mensch, der eine Vision von der Welt und eine Kosmogonie besitzt, ein Mensch, bewohnt von einem Genius, der imstande ist, die absolute Struktur vorauszusehen. In einem katastrophenhaft erlösenden Krieg werde ich einer der wenigen sein, die den Sinn des Konflikts, die vertikale Richtung dieser Apokalypse enthüllen können. Durch mich werden die Menschen, wenn ihre Haut knisternd zusammenschrumpft und ihre Augen zu schmelzen beginnen, begreifen, daß sich so die Feuerblume der Erkenntnis öffnet. Ich werde die furchtbare Größe dieses Umsturzes, dieser ungeheuerlichen Umkehrung der Zeichen aussprechen. Es gibt Sakramente jenseits von Gut und Böse, aber wir leben in den tieferen Zonen, denen der Moral. Wir verstehen nicht, wie die Kräfte über uns spielen. Warum sollte es dort das große Gute ohne das große Böse geben oder, richtiger, das absolute Gute ohne eine absolute Bestreitung des Guten? Und würde durch die intensive Reibung dieser Antinomien nicht eine solche Wärme freigesetzt werden, daß ein blendendes Licht erschiene? Oft denke ich über das doppelte Geheimnis der Prozesse von Jeanne d'Arc und Gilles de Rais nach, der Waffengefährten und sich ergänzenden Seelen. Der Marschall und Alchimist, fasziniert von Gold, Sexus, Tod und Ruhm, verhandelt mit dem Teufel von Fürst zu Fürst, beschwört ihn vor seinen

Schmelzofen, um einen Pakt mit ihm zu schließen, in dem er ihm seine Seele überschreibt. Er hat hundertvierzig kleine Mädchen und Knaben geschändet und ermordet; als er selbst zum Tode geführt wird, hat er nicht nur Vergebung erhalten, sondern auch seine Exkommunikation ist aufgehoben, und es wird ihm versichert, daß er erlöst sei und sich »in der großen Freude des Paradieses wiederfinden« werde. Er steigt auf den Scheiterhaufen, selbst von den Eltern seiner Opfer beweint, die von der Erhabenheit seiner Reue und dem Strahlen dieser Heiligkeit »wider den Strich« bewegt sind. Er gesteht so viele Greuel, »genug, um zehntausend Menschen sterben zu lassen«, daß Bischof Malestroit die Statue Christi mit seinem Mantel bedeckt. Die Menge sinkt in die Knie und betet für ihn und für sich selbst, für die Tiefen und die Gipfel der mystischen Tragödie, die immer eine Tragödie des Opfers ist. In der Nacht vor seiner Hinrichtung schläft er im Frieden, wie in einer Wiege auf diesem Strom der Gebete schwimmend. Muß ich noch hinzufügen, daß jener Magier und Weise aus dem ganz ungewöhnlichen Gefolge des Marschalls, jener geheimnisvolle Prelati, trotz seiner erdrückenden Geständnisse das Leben behielt und Leibalchimist von René von Anjou wurde? Hier wie anderswo spricht die Alchimie das letzte Wort.

Rund um den Helden wird alles Tragik, und wenn ich zum Heldentum aufrufe, rufe ich zum Krieg auf, nicht wegen der Unordnung und des Todes, sondern wegen der höheren Ordnung, die sich in jedem paroxystischen Zustand des Lebens offenbart. Ebenso wie Nietzsche nicht deshalb behauptet hat, daß Gott tot sei, weil er darauf verzichtet hätte, ihn zu suchen, oder weil er nicht mehr fähig gewesen wäre, an Gott zu glauben, sondern, ganz im Gegenteil, weil er ihn auf die einzig legitime Weise suchte, das heißt in rasender Wildheit. Nach dem, was ich eben über ein Jenseits von Gut und Böse gesagt habe, wird man in mir einen gewissen Nietzsche-Einfluß erkennen. Doch meine Bewunderung für den Tollen ist gemäßigt. Nietzsche hat meiner Ansicht nach zwei unverzeihliche Fehler begangen. Der eine, daß er verrückt wurde. Der andere, daß er einer Sentimentalität erlag, die ihn dazu brachte, den Komponisten Bizet Wagner vorzuziehen. Nietzsche war groß, aber nicht monumental. Er hat wie ich den Schwindel der Höhe gespürt und sich eine erneuernde Kastastrophe gewünscht – aus Liebe zu dem, was im Menschen größer ist als der Mensch. Aber diese Liebe verlangt eine so scharfe, eine so trockene Luft, daß sie in der feuchten Region der Sentimentalität nicht zu wohnen vermag. Die Grausamkeit ist die Redlichkeit der Liebe.

Steigen wir noch eine Stufe tiefer. Nehmen wir den Ruhm Dalis heute in dieser armseligen Welt. Campbell sagt: Künftige Ereignisse werfen ihre Schatten voraus. Ich bin ein Mensch, der diese Schatten zu sehen weiß. Dessen rühme ich mich mehr als meiner Malerei. Ich habe die Umrisse dieses Schattens in dem ganzen ästhetischen Abenteuer dieses Jahrhunderts erkannt, und deshalb pfeife ich beispielsweise auf Cézanne und die moderne Kunst und erhebe Meissonier in den Himmel. Ich zerstöre, was zerstört werden muß, um Raum für die Zukunft zu schaffen. Nicht, daß ich Meissonier so sehr liebte. Aber er ist dem, was sein wird, weit näher als Cézanne. Er ist ein General und Cézanne ein ungeschickter Sanitätssoldat. Meissoniers Präzision, seine peinliche Sorgfalt enthalten mehr Geheimnisse

als die Unbeholfenheit des Anstreichers aus Aix-la-
Provence. Die Künstler und die Liebhaber werden
bald eine Passion für das Genre Meissoniers haben.
Ich höre bereits, wie sich die Jungen für einen Maler
begeistern, dem es gelingt, Knöpfe mit einer so
großartigen Genauigkeit darzustellen. Wie wird es
erst sein, wenn sie die Schnallenlöcher in den Kop-
peln von Meissonier entdecken, wenn sie bei seinen
Hunden die Haare und sogar die Zecken in den
Haaren zählen können? Bei solcher Gründlichkeit
der Ausführung beschleicht man die Geheimnisse
der Natur, genau wie man in Südafrika mit einem
tief in die Erde gegrabenen Teleskop die Neutrinos
erfaßt.

Ich rühmte Meissonier bereits in der Blütezeit des
Surrealismus. Ich ergriff Partei für Gaudí gegen
Le Corbusier, der, nachdem er ach und weh geschrien hatte, weil Barcelona seiner Ansicht nach
durch die wunderbaren, bewegenden, lebendigen,
barocken, an Rhythmus und Wärme überreichen
Konstruktionen des genialen Gaudí häßlich gemacht
wurde, schließlich ein Buch zum Lob des visionären
Architekten der Sagrada Familia schrieb. In den
Künstlerhäusern jener Epoche, die von Negerkunst
strotzten, pries ich den Modern Style. Ich rief: »Der
billigste Spiegel von 1900 enthält mehr Geist als
eure Tamtams und Totems! Ihr tretet die griechisch-
lateinische Zivilisation mit Füßen!« Heute bringt
der Handel mit Bildern der Nachromantik ein Vermögen. Ich habe vorausgesagt: »Nach dem Surrealismus werden wir eine Periode der total abstrakten
Kunst erleben, die finstere Nacht des heiligen Johannes vom Kreuz, das Nichts und das Schwarz.
Danach werden wir voller Begeisterung die kon-
kretesten Bilder wiederentdecken.« Ein junger eng-
lischer Maler erlebt im Augenblick den Erfolg: er

reproduziert stückweise ein Farbfoto. Jedes Stück ist eine Abstraktion, die er genau kopiert. Schließlich führt er eine Kopie des Farbfotos in Öl aus, das den Stapellauf der *Queen Mary* oder zwei kleine Katzen in einem Korb darstellt. Die wunderbare doppelte Hörnung! Nach der Pop-art und der Op-art die kybernetische optische Kunst. Und danach wieder die monarchistischen Super-Meissoniers.

Ich halte meine intelligente und von innen her prophetische Person für wichtiger als mein Malen. Wenn ich gewöhnlich erkläre, ich sei ein sehr schlechter Maler – was die Schwachsinnigen, die mich in der zeitgenössischen Rangordnung nicht richtig einzuordnen vermögen, nur allzugern glauben –, so bedeutet das, daß ich der erste in einer Epoche bin, die gleich Null ist. Ich bin ohne viel Mühe der einzige klassisch imperialistische Maler. Ob meine Bilder verfehlt sind oder nicht, sie ordnen die größtmögliche Zahl von Elementen meiner Erkenntnis und meines Empfindens. Velázquez hätte fünfhundert Jahre lang malen können, ohne sich jemals zu wiederholen. In seinen schwindelerregend virtuosen Klassizismus vermochte er jede neue Emotion, jeden neuen Schritt seines Denkens, jedes seiner ästhetischen Abenteuer zu integrieren, aber auch seine augenblickliche sexuelle Begierde, seine Träume, seine Launen oder seine Verdauung. Meine Zeitgenossen dagegen sind dazu verurteilt, ihre überspezialisierten Bilder zu wiederholen. Ihre Leinwand kann nichts anderes aufnehmen als ihre Manier, das Alibi einer miserablen Technik.

Man nennt mich den »Göttlichen«. Ich habe mich mit dem »Göttlichen« verabredet. Morgen speisen wir mit dem »Göttlichen«. Ich habe diese wahnwitzige Bezeichnung weder erfunden noch angeregt. Eines Tages erklärte Eugenio Montez in einem Vortrag vor einer Gruppe meiner Freunde: »Wenn man Dali mit einem Menschen vergleichen kann, dann mit dem erzengelhaften Ramón Llull.« Man beschloß, halb im Scherz, halb aus Respekt, mich Dali, den Erzengelhaften, zu nennen. Sucht euch etwas anderes aus, sagte ich; das ist grotesk. Man dachte an »göttlicher Marquis«. Diese Zwiespältigkeit – meine Erotik und meine mystischen Bestrebungen – bezauberte jene, die mich gut kennen. Seither bin ich: der göttliche Dali. Den Künstlern der Renaissance gab man auf ähnliche Weise eine rühmende Bezeichnung. Da mir die Tradition teuer ist, meinethalben also »der Göttliche«. Man muß zugeben, daß ein Wort sein spezifisches Gewicht besitzt, daß es magnetisch Gefühle anzieht, welchen Wert man ihm auch beimessen mag. Wenn ich mich bemühe, junge Frauen zu köstlichen Genüssen zu verführen, geschieht es, daß sie dem göttlichen Dali nachgeben, während sie bei dem Dali ohne weitere Zusätze wohl gezögert hätten.

Die Popularität, selbst die mittelmäßige, entzückt mich. Der Ruhm spiegelt sich wie die Sonne in allen Gewässern, den reinsten wie den schmutzigsten. Dem Publikum gegenüber verhalte ich mich liebenswürdig; das ist die gleiche vorsichtige Lebensklugheit, die mich bei einer Epidemie oder einem andern Unglück großzügig macht. Ich übergebe dem Bürgermeister Geld, wenn es zu einer Überschwemmung kommt, obwohl mich die Überschwemmung ästhetisch wie sadistisch in Entzücken versetzt. Aufgepaßt, sage ich mir; denn du könntest am Ende der Zeiten gerichtet werden, falls es ein Ende der Zeiten und einen Richter gibt. Deshalb wird man niemals erleben, daß ich ein Autogramm verweigere, um

welchen Menschen und um welche Umstände es sich
auch handelt. Ich signiere Postkarten, Taschentü-
cher, Gürtel, die Haut, Mauern, Straßenverkehrs-
karten, Krawatten, Sandalen, Slips, und je mehr
Menschen ich sehe, die über mein Vorhandensein
unterrichtet sind, desto mehr bin ich davon überzeugt, daß der Geist um den Planeten wandert und
daß sich die Noosphäre bildet, damit ich überall auf
der Welt in meinem eigenen Bad schwimmen kann.
Jedes Zeugnis meiner Existenz im Nächsten besänf-
tigt meine Beunruhigung wegen der geringen Realität der Dinge, der Welt und meiner selbst. Aus allen
Augen, in denen ich mich erkannt sehe, schöpfe ich
meine Substanz. Vor den Fernsehkameras hatte ich
Seeigel in abstrakte Maler verwandelt. Das Adre-
nalin verzerrt krampfhaft die Agonie dieser reinsten Meeresgeschlechter mit ihrer überaus empfind-
lichen Scham. Eine feine Tintennadel, die den
Tieren in den Kauapparat, die »Laterne des
Aristoteles«, gepflanzt wird, überträgt ihre tragischen Orgasmen in graphische Bilder. Einige Zeit
nach diesem öffentlichen Experiment begab ich mich
zu einem Fest auf den Champs Elysées, und als ich
aus dem Wagen stieg, hörte ich die Menge rufen:
»Hoch die Seeigel!« Das funktioniert also, sagte ich
mir, etwas von Dali geht ihnen immer im Kopf
herum, ob sie einen Sparren haben oder nicht, und
Clownsbilder von meiner Wirklichkeit sind immer
noch besser als überhaupt keine Wirklichkeit. Immerhin weiß ich, daß ich eine Wirklichkeit bin, und
kenne ihre sehr wenig natürliche Natur. Man muß
schon völlig unwissend im Hinblick auf den Charakter der Beweise sein, die die Färbungen der inneren Welt annehmen können, um sich vorzustellen,
daß ein Mensch genial sein könnte, ohne es zu wissen. Ich weiß, daß ich ein Genie bin. Ich weiß, durch

welches Feuer diese Gnade Gottes, dieses angelische
Geschenk, zu mir kommt. Ich habe ein gutes Maß
von jener Weisheit erhalten, von der Paracelsus
spricht und die darin besteht, daß man, ohne genau
zu wissen, ob man weise ist, »lebt wie die Engel im
Himmel«. Wenn man Gaudí fragte, was die Engel
seien, erwiderte er: Das sind Wesen, fähig, ohne
Plan eine Kathedrale zu bauen. Es gibt mehrere
Stufen bis zu den Engeln; wir dürfen überzeugt
sein, daß die erste Genie heißt. Aber es ist bisher
noch nichts über das Genie gesagt worden, weil die
Wissenschaftsgläubigkeit Forschungen über die höheren Bewußtseinszustände aus ihrem Arbeits-
gebiet ausgeschlossen hat. Man müßte beispielsweise
gewisse sturzfluthafte und wahnsinnige enzyklopä-
dische Werke studieren und sich fragen, ob nicht die
Gehirne jäh Zugang zu veritablen babylonischen
Türmen der Erkenntnis haben, wo sie aufs Geratewohl mit der Gefräßigkeit von Dieben schöpfen.
Bei mir ist es so, daß ich bei der Mittagsruhe, kurz
bevor ich einschlafe, wesentliche, geordnete und dennoch nicht zu entziffernde Informationen erhalte.
Wenn ich die hypnagogischen Bilder, die ich erhalte,
verstände, besäße ich die Schlüssel zum Weltall.
Ich sehe, wie sich Strukturen abprägen. Teile des
gesamten Gemäldes der Schöpfung erscheinen mir.
Ich kann sie weder interpretieren noch völlig re-
gistrieren. Aber ich bin mir bewußt, daß mir Gott
Momentaufnahmen der Wahrheit schickt. Aus diesem Grund interessiere ich mich lebhaft für die
Natur der Traumbilder, selbst wenn sie von ge-
ringerer Bedeutung sind. Wenn man die Augen
schließt, erhält man niemals Schwarz. Winzige
Retinarückstände, leuchtende Körnchen wandern in
verschiedenen Geschwindigkeiten, und man weiß,
daß sich der Augapfel während der Träume be-

wegt. Vielleicht ist der Traum an das Vorhandensein und die Bewegung dieser Phosphene gebunden,
die der Geist mit einer märchenhaften Schnelligkeit
interpretiert. In Sekundenbruchteilen werden sie zu
einem Opernhaus, zu rennenden Priestern, zu
einem ertrinkenden Pferd. Ich habe deshalb Professor Jayle, dem großen Spezialisten des Seh-
vermögens, vorgeschlagen, Kontaktlinsen zu kon-
struieren, die geeignet sind, durch die Verschiebung
künstlicher Phosphene Träume hervorzurufen.
Wenn sich meine Erfindung durchführen ließe,
würde sie erlauben, beim Traum des Träumers die
Einflüsse, die den Traum hervorgerufen haben, auf
einen Bildschirm zu projizieren. Wenn meine Hypothese richtig ist, würde der Patient in diesem
abstrakten Film die konkreten Bilder seines Traums
wiedererkennen. Damit hätte man zum erstenmal
eine Fotografie der Ordnungen des Traumdenkens
erhalten. Aber ich kehre zurück zu den göttlichen
Strukturen, die ich während der Mittagsruhe empfange. Es wird erzählt, daß Picasso, als er sich einmal in Italien befand, Äther brauchte. Er begab
sich zum Apotheker, und da er das Wort nicht
wußte, zeichnete er die Sache. Ein Psychoanalytiker, der mich untersuchte, forderte mich auf, die
Struktur der Desoxyribonukleinsäure – oder DNS –
zu zeichnen. Sofort, ohne nachzudenken, als ob ich
gelenkt würde, als ob ich das Bild übermittelt be-
käme, zeichnete ich auf das Papier die Wendeltreppe
von Crick und Watson, fünfzehn Jahre bevor diese
Gelehrten sie entdeckten. Als die Arbeit der beiden
veröffentlicht wurde, weinte ich vor Freude; ich
tanzte innerlich vor Dankbarkeit; ich dankte dem
Himmel, daß er mir so viel geschenkt hatte.

Bin ich hochmütig? Ich bin lediglich stolz auf diesen Ball des Stolzes, den das Genie in meinem

Innern veranstaltet. Früher, als ich weniger genau
wußte, was in mir wohnt, empfand ich keine Ver-
antwortung. Heute bringe ich mehr Aufmerksamkeit für meine Taten und Gedanken auf. Ich messe
meine Ideen an denen der größten lebenden Männer. In meinem Alltagsleben wird jede Bewegung
rituell. Die Anschovis, die ich esse, hat irgendwie
teil an dem Feuer, das mich erhellt. Ich bin die
Wohnstatt eines Genius. Das zwingt mich dazu,
diese Wohnstatt zu pflegen, und ich unterwerfe mich
dem Zwang; freudig gehorche ich dieser heiligen
Inquisition. Geflügelter Genius! Seine Schwingen
sind die der Kondore aus dem *Triumphmarsch* von
Rubén Darío, dem kitschigsten Gedicht aller Li-
teraturen, das Lorca mit geschlossenen Augen, in
Ekstase, rezitierte und sich am Schluß mit einem
gewaltigen Lachanfall befreite, der ihn seinem Zau-
ber, seinen Dämonen und der Kindheit zurückgab.

Das Gold

Mich rächen, weil ich zu sehr geliebt wurde? Mich bestätigen, um die Erinnerung meines toten Bruders auszulöschen? Ich war geradezu der Typ des polymorph Perversen. Ich genoß es, meiner Umgebung Martern aufzuerlegen, und meine ersten Lebensjahre waren von einer charakteristisch Freudschen Anomalie geprägt: der überstarken Lust, meinen Stuhl zu verhalten. Rot, die Hinterbacken zusammenpressend und von einem Fuß auf den andern tretend, tanzte ich durchs Haus. Man folgte mir mit besorgtem Blick. Ich floh, meinen Schatz in den überladenen Gedärmen zurückhaltend. Ich suchte mir die unvermutetsten Ablageplätze aus: eine Schublade, einen Schuhkarton, die Zuckerdose. Tränen in den Augen, außer Atem, wartete ich immer noch. Endlich, in krampfhaftem Zittern, mit wolllüstigem Bedauern, entleerte ich mich in das gewählte Versteck. Dann schoß ich wie ein Pfeil zum Garten und rief: »Es ist getan!« Wildes Durcheinander, Panik, Verzweiflung und Scham im Haus: Schaufeln und Wischlappen in den Fäusten, stürzten sich meine Eltern und die Dienstmädchen in die unheilvolle Forschung. Das Naßmachen des Bettes erhöhte meine Reize noch. Das habe ich sehr lange absichtlich getan. Aber das war nur eine Ergänzung zum geheimen Caca. Mein Vater hatte mir ein schönes Dreirad gekauft, das er hoch oben auf einen Schrank stellte – bis zu dem Tag, an dem ich »all diese Dinge normal« erledigen würde. Aber ich blieb bei meiner Art. Erst mit acht Jahren sollte ich mich meiner Umgebung anpassen. So wurde meine ganze Kindheit beherrscht von dem vertrauten Umgang mit dem »Schatz, der zu bewahren ist und den man verstecken muß«. Man weiß, daß für den Psychoanalytiker Exkremente und Gold miteinander verknüpft sind wie in den alten Mythen vom Huhn, das goldene Eier legt, oder vom Esel, der Dukaten fallen läßt. Also ist meine Passion für das Gold gewiß nicht ohne Verbindung mit meiner kindlichen Passion. Sehr bald erschien mir der Stoff Gold selbst von fesselnder Schönheit, und ich mußte Königskostüme haben, überladen mit Vergoldungen. Ich träume noch heute davon, in Gold eingehüllt zu leben. Ich wünschte, daß in meinem Haus alles aus Gold wäre. Aber aus verstecktem Gold, bedeckt mit einem bescheidenen und edlen Stoff wie etwa Gips. Eine weiße Türklinke niederdrücken und wissen, daß sie darunter aus massivem Gold besteht! In einer Steingutwanne baden und sich sagen: »Unter dieser Verkleidung könnte ich Es erscheinen lassen!« Ich bin überzeugt, daß das Gold nicht nur deshalb kostbar ist, weil es selten vorkommt, sondern weil es mit einer magischen Funktion ausgestattet ist. Ich vermute, daß es bereits ein heiliges Metall war, ehe man einen Währungsmesser daraus machte. Bei den archaischen Völkern stand es unter dem Schutz der Priester, die damit nicht allein den Reichtum, sondern einen Stoff von heiligem Wesen bewachten, der durch seine stoffliche Vollkommenheit in Verbindung mit der Harmonie des Kosmos stand. Ich will das Gold wie diese Priester unter meinem Schutz anhäufen und es mit einem ganz religiösen Geiz in meinen Höhlen vergraben. Wie man weiß, hege ich keine sehr starke Sympathie für Auguste Comte, aber ich verzeihe ihm viel – seiner wahnwitzigen Liebesbriefe wegen und weil er in dem Augenblick, als man ihn drängte, seine Religion zu stiften, gesagt hat: »Besetzen wir vor allen Dingen die Banken.« Diese realistisch-mystische Sehweise ist mir lieb, denn das Gold ist konzentrierter Himmel, Macht im Reinzustand und Unterpfand der Ewigkeit. Auf Gold gründe ich die Kirche Dalí – mit viel Gier und Vorsicht, und der Gedanke, daß mein Gold in meinen Banken Frucht trägt, ohne sich zu bewegen, sicher geschützt in den Stahlgewölben, entzückt mich, beruhigt mich, erhebt mich. Ich wünsche, daß es aus seinem eigenen Leben der konzentrischen Kraft lebt, daß es zu nichts dient. Daß es ist! Gala meint sehr praktisch, daß unser Vermögen uns erlaubt, uns, falls wir krank sind, unter den besten Bedingungen behandeln zu lassen, die es gibt. Für mich ist das, was an erster Stelle steht, wenn ich an die Verwendung denke, die kindliche Vorstellung meines eigenen Überlebens durch Hibernation. Mit meinem versteckten Geld kann ich einen Apparat zum Überdauern bezahlen. Auf weniger naiver Ebene bedeutet das: indem ich meinen inneren Reichtum in mir zurückhalte, indem ich meinen Schatz bewahre, arbeite ich daran, Dalí unsterblich zu machen. Mit dem versteckten Gold des Überbewußten erkauft sich meine Seele die Unsterblichkeit.

In meiner Kunst gehorche ich dieser Passion für den verborgenen Schatz. Wegen meiner Neigung, mich zu verstellen, male ich Bilder in klassischer Manier und rühme die kitschige Kunst. Es mißfällt mir gar nicht, wenn man mich für einen mittelmäßigen akademischen Maler hält und daß da ein Mißverständnis zwischen dem Publikum und mir besteht. An dem Tag, wo man sich ernstlich mit meinem Werk beschäftigt, wird man sehen, daß meine Malerei wie der Eisberg ist, der nur ein Zehntel seines Volumens zeigt. Ich beschäftige mich jesuitisch damit, meine Werte zu verbergen, da ich die jesuitische Heuchelei für eine meisterhafte Technik halte. Ebenso ist es mit dem Exhibitionismus, der meine wahre Persönlichkeit maskiert. Ich entziehe mich den Blicken, indem ich sie auf mich ziehe, und im Schutz des herausforderndsten Dandytums ziehe ich mich in das letzte Zimmer meines Palastes zurück, um ganz für mich allein mein Gold zu betasten.

Ich glaube, daß mein angewandter Klassizismus insgeheim mehr Freiheiten enthält als die sogenannte freie Kunst. Der Klassizismus umschließt die stärkste Explosivladung, weil er äußerste Verstellung ist. Diejenigen, die weiter den sichtbaren Surrealismus oder den spontanen Ausdruck aufarbeiten, sind wegen ihres fehlenden Stils zum Nichts verurteilt. Um zum Werk zu gelangen, geht es nicht an, daß man desintegriert; man muß vielmehr integrieren. Statt den surrealistischen Geisteszustand zu anarchischen Zwecken zu benutzen, ist es entscheidend wichtig, ihn in die Regeln des Klassizismus zu gießen, und zwar so, daß man ihn dabei vergißt und daß er dann sein eigenes Leben zu führen beginnt. Freud hat dem Surrealismus als Schule der Malerei das Todesurteil gesprochen, als er mir sagte: »In einem klassischen Gemälde suche ich das Unbewußte. In einem surrealistischen Gemälde finde ich nur Bewußtes.« André Breton verachtete Raffael aus einem elementaren Antiklerikalismus. Er konnte das Bild eines Christus oder einer Madonna nicht ertragen. Aber er sah nicht, daß sich mit Hilfe der Konvention die aufrührerische Sprache des Unbewußten weit intensiver und authentischer ausdrückt als in der mühsamen Anarchie eines surrealistischen Bildes. Deshalb bemühe ich mich fanatisch, die große Tradition wiederzufinden. Feuerwehr gibt es nicht ohne Feuer. Ich bin ein pyromanischer Feuerwehrmann.

Verborgene oder vergrabene Werte, geheime Kraft, die nicht nach außen abfließen soll: darin erkennt man eine esoterische Auffassung vom Leben und von der Welt, die sich auch in meiner Erotik des Blicks ausdrückt, des Kaum-Streifens, des Alles-Berührens-indem-man-nicht-berührt, des Spiegeleis ohne den Spiegel*. Mein Genie verhehlen, mein Gold bewahren, mein Sperma zurückhalten: eine mystische und im eigentlichen Sinn alchimistische Erotik.

Im Mittelalter versuchte der Adept, mit einem Gran Goldmacherpulver zwei Pfund gemeine Materie in reines Gold zu verwandeln. Mit einer Prise Genie bemühe ich mich, die siebzig Kilo Fleisch dieses Dali, dessen Name »Begierde« bedeutet, zu vergeistigen und unsterblich zu machen. Wenn ich mein ganzes Leben in einen Gegenstand der Alchimie verwandle, betrachte ich mich gern als einen Nachkommen des Katalanen Ramón Llull, eines der ruhmvollsten Metaphysiker, Alchimisten und Apostel, des Autors der *Zwölf Prinzipien der Philosophie* und des berühmten *Testaments der universalen alchimistischen Kunst*. Angeklagt von den Thomisten, nach seinem Tod, als Katalonien ihn bereits als Heiligen verehrte, von einer päpstlichen Bulle

* Der bei Dali oft erscheinende, unübersetzbare Ausdruck lautet: *l'œuf sur le plat sans le plat.* (Anm. d. Ü.).

verdammt, sollte dieser Missionar vom reinsten christlichen und hermetischen Geist, dieser *Doctor illuminatus*, mit über achtzig Jahren von den Arabern in Bougie gesteinigt, als Märtyrer enden. Meine Genien sind Katalanen, mein Genie stammt aus Katalonien, dem Land des Goldes und der Askese. Die Passion für Gott, das Gold und eine Erotik des Nichtvollzugs gehören in der mystischen Seele meines Landes zusammen. Es kann deshalb nicht wundernehmen, daß unsere dürre Erde von vergrabenen Schätzen strotzt – etwa die goldene Ziege in den Ruinen des Schlosses Carmanso, erbaut nach dem Vorbild von Monségur – und ein bevorzugtes Gebiet der ritterlichen Liebe ist, die auf dem Weg über die Troubadoure aus der Askese der Katharer stammt. Die Mädchen von Ampurdas sagen noch heute zu den Burschen, die sie bestürmen: »Ansehen, soviel ihr wollt, aber nicht berühren!« Das ist ein Widerhall der alten katalanischen *Copla:*

> Selbst der Heilige Vater in Rom
> täte nicht, was ich hab' getan:
> mit dir schlafen die ganze Nacht,
> ohne deinen Leib zu berühr'n.

Ich habe eine Beziehung zu Stalin, die deutlich zu machen mir die paranoisch-kritische Methode erlaubt. Das ist, wie man weiß, eine Methode, die durch die Übung der Aufmerksamkeit die vielschichtigen, aber legitimen Strukturen der Antriebe aus dem Unbewußten zutage fördert. Warum Stalin? Er ist eine Projektion des tyrannischen Vaters, des herrlichen intimen Feindes. Ich nehme an, daß die Mumie des kleinen Vaters der Völker am Tag nach der Entstalinisierung für ein paar Groschen zu haben gewesen wäre; deshalb bedaure ich, daß ich sie nicht gekauft habe. In meinem Garten

zu Cadaques hätte ich sie unter einem prächtigen
dalinischen Monument begraben. Aber Stalin ist
auch das Gold. Riesige Reserven spanischen Goldes
sind während des Bürgerkriegs nach Rußland ab-
transportiert worden. Die Sowjets haben diesen
Schatz trotz zahlreicher Demarchen niemals zurück-
gegeben. Eines Tages erklärten schließlich die dick-
felligen Ingenieure, die das heilige Rußland auf
trübe Weise mit dem Rechenschieber regieren, ohne
sich zu schämen, daß sie alles für Raketen und
Sputniks, das heißt für Spielsachen Größenwahn-
sinniger, vergeudet hätten, und die Vorstellung, daß
das Gold des frommen Spanien für Werkzeug-
maschinen der platten Vernunft verschwendet wird,
ist mir unerträglich. Da ich Stalin mit meinem
Vater, das Gold mit der Genialität und Spanien
mit mir selbst gleichsetze, verfalle ich in den Traum,
daß dieses Gold mir gehört. Aber Stalin verkörpert
für mich auch den Schmied, den Mann, der in der
modernen Gewaltsamkeit die Arbeit der priester-
lichen Metallurgie betreibt. Für die archaische
Menschheit war die Metallurgie, die Erschmelzung
und Verarbeitung von Metallen, keine einfache Erfindung, sondern eine Offenbarung, denn allein die
Gottheit konnte dem Menschen die Macht übertragen, den Reichtum aus dem mütterlichen Schoß der
Erde zu gewinnen. Diese Tätigkeit hat seelische
Auswirkungen furchtbarer Art. Der Schmied ent-
fesselt die finsteren und chaotischen Kräfte der Natur und bekämpft sie gleichzeitig. »Ebenso gelangt
der Mensch«, sagt Titus Burckhardt in seinem Buch
über die Alchimie in dem Abschnitt über die Behandlung der Metalle, »nicht dazu, seinen inneren
Schatz in seiner Reinheit und seinem Strahlen frei
zu machen, wenn er nicht die schweren und trüben
Kräfte seiner Seele besiegt.« Der Schmied steigt, um

das Gold zu suchen, in die Unterwelt hinab. Wie ich 1964 in meinem Vortrag in der Technischen Hochschule zu sagen Gelegenheit hatte, muß man in der russischen Revolution ein okkultes, aber entscheidendes Unternehmen der Geheimgesellschaften sehen, vor allem der sogenannten Schmiedegesellschaften, die mit der alchimistischen Tradition verknüpft sind. Geht man davon aus, dann ergeben sich Fälle überaus starken Zusammentreffens. Die Persönlichkeit Lenins, von den unterirdischen Drahtziehern der Revolution erwählt, erscheint in einem seltsamen Licht. Lenin hatte eine Leidenschaft für das Gold. Diese Leidenschaft war ihm geradezu ins Blut geschrieben. Er war Syphilitiker, und schon Paracelsus hat, wie man weiß, die Beziehungen zwischen den Spirochäten und den Goldsalzen enthüllt. Wir wissen nicht, ob Ignatius von Loyola von der gleichen Krankheit befallen war, aber wir wissen, daß er im Schmuck der Kirchen eine Orgie der Vergoldung hervorrufen sollte und daß er Lenin Zug um Zug glich. Verlaine, von der Lustseuche befallen, verbrachte die letzten Augenblicke in seinem ärmlichen Zimmer damit, daß er seine Waschbecken, seinen Stuhl und den Nachttopf golden anstrich. Lenin selbst hat tatsächlich folgende bemerkenswerte Äußerung getan: »Genossen, an dem Tag, an dem wir die Macht im Besitz haben, werden wir goldene Bedürfnisanstalten bauen.« Man hat mich der Verrücktheit bezichtigt, als ich zum erstenmal die Aufmerksamkeit auf diese märchenhafte Erklärung lenkte. Man hielt sie für eine dalinische Erfindung. Doch als dann Chruschtschow nach Paris kam, begab er sich in die Wohnung, die Lenin einmal innegehabt hatte, und sagte dort zur versammelten Menge: »Ich hoffe, daß wir eines Tages, wie es Lenin versprochen hat, goldene Bedürfnisanstalten bauen können.« Es liegt auf der Hand, daß kein Schriftgelehrter des Marxismus diesen unglaublichen Ausspruch dialektisch anders als mit syphilitischem Delirium zu rechtfertigen vermöchte; aber man kann immerhin auch auf die tiefe alchimistische Auffassung hinweisen, nach der die gemeinste Materie die Signatur eines Schatzes trägt. In dem Paris der zwanziger Jahre, der Hauptstadt der revolutionären Intelligenzen, fand man eine Unmenge Brot in den Rinnen der Bedürfnisanstalten. In den Anfängen des Surrealismus habe ich mich an eine Umfrage gemacht und dabei entdeckt, daß die Liebhaber des in den Bedürfnisanstalten eingeweichten Brotes in der Mehrzahl gesellschaftliche Aufrührer, Angehörige der Parteien der Linken, Schwärmer für absolute Gerechtigkeit und Impotente waren. Das Brot in der Pisse war ihre Hostie. Sie ließen sich die im Urin von Paris, der ganz unbewußt flüssiges Kollektivgold für sie war, durchweichten Krusten rösten. Maupassant weigerte sich in seinen letzten Lebenstagen, Wasser zu lassen, da er glaubte, sein Urin enthalte Diamanten. Der Gedanke der Pissoirs aus Gold, bei den Russen geboren, erscheint mir recht bezeichnend. Sie haben intuitiv (Lenins Spirochäten) oder bewußt (Esoterik der Schmiedegesellschaften) den Ton auf die Übereinstimmung zwischen Exkrement und Gold gelegt. »Der Stoff, den man sucht, ist der gleiche wie der, aus dem man ihn ziehen muß«, heißt der alchimistische Spruch. Diese Schau setzt einen Abstieg zur Unterwelt voraus und fordert eine superhumanistische Auffassung von der Politik, der Ethik und der Philosophie. Der Zweck rechtfertigt die Mittel. Jede Schmiede ist alchimistisch, Schöpferin von Gold, das heißt Schöpferin des Absoluten. Der Humanismus dagegen verlangt eine geläuterte Vision vom Menschen und von der Natur; dieser Idealismus schließt Henker und Ketten von der historischen Notwendigkeit aus, wie er den Geruch von vergossenem Blut, von Urin und Kot vom Menschlichen ausschließt. Das ist der amerikanische Idealismus.

Die puritanischen Amerikaner, physisch und spirituell desodorisiert, vollgepfropft mit guten Vorsätzen, lieben weder den Kot noch den Schweiß oder den Tod. Ebendeshalb lieben sie, weil sie von den urtümlichen Realitäten abgeschnitten sind, auch das Gold nicht. Sie verehren den Dollar, was etwas ganz anderes ist: eine Abstraktion, Belohnung für Pfadfinderverdienste, Verteiler der Güter, der Bequemlichkeit, der Gesundheit, des Luxus, der Wohltätigkeit, der Kultur und so fort. Breton unternahm, ich sagte es schon, zu meinen Gunsten eine magische Handlung, als er, um meine Gier nach Reichtum anzuprangern, das Anagramm »Avida Dollars« aus den Buchstaben meines Namens erfand. Dabei täuschte er sich jedoch grundlegend über mich, aber die Amerikaner waren meinetwegen beruhigt. »Es lebe Dali! Er gehört zu uns, er verehrt den Dollar abgöttisch.« Ein ununterbrochener Regen grüner Banknoten ging auf mich nieder. Wenn ich das Gold liebe, dann geschieht es jedoch aus Gründen, die dem amerikanischen Geist dem Wesen nach entgegengesetzt sind. Ich gebe indessen zu, daß ich mich stets als große Kurtisane betragen habe. Kaum war ich in New York von Bord gegangen, als ich auch schon verkündete, ich sei bereit, jeden gutbezahlten Auftrag anzunehmen. Skandal bei den Surrealisten! Dali macht Parfümflakons, Teppiche, Krawatten! Diese ungebildeten Jämmerlinge wußten eben nicht, daß Michelangelo die Strumpfbänder des Papstes und die Uniformen der Vatikangarde entworfen hat. Es ist ganz und gar keine Schande, das Jahrhundert auf so vielen Gebieten wie möglich durch sein Genie zu prägen, und ich mache in der Mode, der Goldschmiedekunst, in Bühnenausstattungen, Balletten nichts, was nicht von Dali wäre. Die Vertreter der absolutesten Kunst, die mir kläffend auf den Hacken blieben, haben mich übrigens schließlich imitiert, aber auf schändliche Weise. Sie hatten einigen Grund, sich mit Schande zu bedecken. Sie liefen dem Geld nach, das sie verachteten oder zu verachten vorgaben. Ich dagegen mache das Gold, das ich anbete. Der akademisch gebildete Kleinbürger Sartre meint zweifellos, Gold sei eine erniedrigende Materie. Ich glaube, daß es eine veredelnde Materie ist, Produkt und Beweis für das Können. Für den humanitären Idealisten ist der Mensch eine Abstraktion, »eine unnütze Passion«, wie Sartre sagt. Für den Mystiker, der ich bin, ist der Mensch eine alchimistische Materie, zum Goldmachen bestimmt, ein versteckter Schatz, der verdient, bis in die Eingeweide durchwühlt zu werden. Für den degenerierten, humanistischen und idealistischen Christen scheißt ein Heiliger nicht. Für den wahren apostolischen und römischen Katholiken ist am Heiligen alles heilig, und auch das Loch in seinem Hintern ist eine Reliquie.

Wenn ich male, gilt mein Frohlocken auch dem Bewußtsein, daß ich im Begriff bin, Gold zu machen, und ich weiß es in aller Legitimität, da jedes meiner Bilder einen dicken Scheck erzeugt, der unmittelbar in edles Metall verwandelt wird. Die Leute von Cadaques, schlauer als Sartre, weil sie natürlich sind, bringen mir eine Bewunderung entgegen, die nichts von der devoten Servilität des Armen für den Reichen enthält. Sie betrachten mich als einen Stein der Weisen. Und da ich geizig bin, sagen sie scherzend: »Aber warum ist Dalí so knauserig, wenn er doch nur sein Pinselchen ein bißchen springen zu lassen braucht, um Gold zu schaffen?« Ich kann ihnen nicht erklären, daß selbst dieser Geiz alchimistisch ist, die Begierde nach absoluter Macht, und daß ich mein Gold zum Zweck der Unsterblichkeit schmoren lasse.

Gustave Moreau, der ruhmreichste der erotischen und skatologischen Maler, verfolgte fanatisch ein einziges Ziel: Gold an der Spitze seines Pinsels erscheinen zu sehen. Mit Exkrementfarben, den Tönen des Ockers und der Terra di Siena, gelingt es einem sehr guten Maler, die Materie Gold zu suggerieren, und danach strebte Moreau. Seine Bilder klirren von Ketten, Berlocken und funkelnden Agraffen. Die Gewänder sind mit Anhängern, Schnallen, Schmuckstücken und blitzenden Verschlüssen übersät. Ein mittelalterlicher Katholik wie Claudel hat sich darin nicht getäuscht: das Gold Moreaus kommt aus den Eingeweiden, es ist verwandelte schmutzige Materie, eine Verklärung des Exkrements. Denen, die ich liebe, empfehle ich, das Moreau-Museum zu besuchen, sich in diesen Halbschatten zu versenken, wo Konstellationen kostbarer Steine schweben, die aus dem Strudel erotischer und skatologischer Zwangsvorstellungen hervorspringen wie ebenso viele Verheißungen einer erzengelhaften Erlösung. Die Epigonen Moreaus, die der modernen Kunst den Ruhm gebracht haben, sind nur kleine Leute, karikierende Widerspiegelungen des Zauberers. Vergrößern Sie ein Detail von Moreau: Sie werden den Judenkönig von Rouault erscheinen sehen. Aber einen prachtvollen Judenkönig, während der von Rouault teigig ist, ohne

Kraft, ohne Virtuosität; er kommt nicht aus den Eingeweiden, er ist bereits eine Idee, ein Ballon.

Das Gold entsteht wie bei Moreau aus dem Finsteren, aus den Tiefen der dunklen Materie, und deshalb ist unsere Zivilisation, der die Größe fehlt, eine Zivilisation heiterer, heller Farben, das heißt unmenschlicher und nicht göttlicher Farben. Sehen Sie sich Amerika an. Übrigens haben die Amerikaner Hämorrhoiden. Damit will ich sagen, daß sie den Unterbau schlecht geschlossen haben. Ihrer Verdienste ungewiß, verteilen sie die Vermögen, die sie sammeln, unter sich auf, da sie genötigt sind, sich zu entleeren, sobald das Mahl eingenommen ist. Ihr Reichtum ergießt sich in Institute, die UNESCO, die tausend humanitären Unternehmungen. Ich mache Gold, indem ich mich bis zum Überbewußten konzentriere. Sie gewinnen ihre Dollars, indem sie sich bis zum Nichtsein zerstreuen. Das schlechte Gewissen ruft in ihnen den humanistischen Durchfall hervor. Marquis de Cuevas erzählte mir, er habe gesehen, daß sich Rockefeller von Eiswasser und winzigen bleichsüchtigen Sandwiches ernährte. »Mögen Sie denn so gern Sandwiches?« – »Nein«, erwiderte Rockefeller, »aber ich mag nichts gern – außer Geld machen, das ich niemals für mich selbst verwende.« Das könnte tugendhaft erscheinen. In Wirklichkeit ist es Ausdruck einer dunklen Angst vor dem Tragischen und vor der Großartigkeit des individuellen Lebens, vor dem Schmerz und der Herrlichkeit des Seins. Das Gold ist eine Feier für die Seele. Die Amerikaner fliehen vor dem Gold wie vor ihrer Seele. Sie machen etwas Schlaffes, Unsichtbares, Abstraktes daraus, das sie Liebe zur Aktion und Staatsbürgersinn nennen. Kaum haben sie es an sich gezogen, als sie es auch schon weit von sich werfen. Was machen sie denn tatsächlich für

sich selber daraus? Sie sind nicht. Und dazu noch
– ich bitte Sie! – ihre große Furcht vor dem Tod, ihr
Abscheu vor Körpergerüchen, ihr Entsetzen vor
Exkrementen.

In den Ländern mit hoher spiritueller Tradition
erhält der Tod eine feierliche Bedeutung. Er ist
Gegenwart, Faszination, Apotheose. Der Escorial
hatte seinen Verwesungsort, wo sich die Leichen
unter Augen und Nase der Lebenden zersetzten.
War die Arbeit der Würmer getan, Fäulnis und
Verflüssigung abgeschlossen, dann legte man das
Skelett in einen Sarkophag aus Gold: eine Huldi-
gung an die göttlichen Kräfte, die die Entropie
berichtigen. In Amerika schminkt man den aus-
gestopften Toten; er war ein toter Lebender und ist
nun ein lebender Toter; danach gelangt er vom
Präparator zum Eskamoteur, der ihn auf den Fel-
dern des Vergessens verschwinden läßt. O Tod, wo
ist dein Leben? Der riesige parfümierte Radier-
gummi, der die Natur wegwischt, ist darübergegan-
gen. Die ganze Richtung unserer Zivilisation, die
den Raum für unser inneres Leben einengt, zielt
darauf hin, den Tod zu bagatellisieren. Die
Leichenkraftwagen werden immer unauffälliger.
Der Tote hält den Verkehr nicht mehr auf. Er jagt
unsichtbar auf sein genormtes Grab zu, ohne daß
man Zeit hätte, ihm einen Gedanken zu widmen
oder ein Kreuz zu schlagen. Er segnet nicht das
Zeitliche, er macht sich verstohlen davon; er würde
es insgeheim übelnehmen, wenn sein Fortgehen uns
einen Augenblick lang an das Leben erinnerte, wenn
sein tiefer Schlaf den allgemeinen Schlummer störte.
Und in der gleichen Fluchtbewegung nach dem Beispiel der Amerikaner verjagen wir aus unserm täg-
lichen Leben die edlen Farben, die die dunklen sind.
Wir sagen, die Aufmachung des Lebens müsse heiter

sein; alles ist lavendelblau, pistaziengrün, rosenrot.
Wie toll fabrizieren wir Antikotfarben in dem panischen Verlangen, uns dem Dasein zu entziehen.
Aber die Farben des Edlen, der guten Küche und der
großen Malerei sind die Brauntöne von Chardin,
die Kastanientöne des Hasenpfeffers, das geräu-
cherte Gelb der Ammern, die reiche Palette der
Exkremente. Ich weiß nicht, wo ich den Bericht
über eine erhabene Zeremonie gelesen habe, die am
französischen Hof stattfand, kurz nachdem der
Dauphin geboren wurde. In Gegenwart der Wür-
denträger und der besten Künstler des Königreichs
entleerte das göttliche Kind die Eingeweide. Pre-
ziös zeichnete man die Nuancen des königlichen
Exkrements auf, die Kupfer-, Ocker-, die grünen
und braunen Töne, und der Hof kleidete sich in die
Farben des »Caca Dauphin«. Ich wüßte nichts, was
mehr der Tradition entsprechen und gleichzeitig
umstürzlerischer sein könnte, nichts besser Legiti-
miertes und nichts Skandalöseres, nichts von edlerer
Belebtheit. Die Jahrhunderte des Goldes sind jene,
wo das Ganze des Menschen geehrt wird und wo
ein vertikales Denken, dessen Wurzeln im Himmel
liegen, die Wirklichkeiten durchdringt, sich ohne
Abscheu und Furcht in sie einsenkt und sich weder
dem Tod noch dem Kot entzieht. Es ist nicht er-
staunlich, daß die berühmteste Ruhmeshymne auf
das Gold von Quevedo stammt, einem Zeitgenossen
des Velázquez, der außerdem ein nicht minder
berühmtes Loblied auf das Loch im Hintern geschrieben hat. Beide Gedichte sind von mystischer
Beseelung: das Gold, Symbol der Reinheit, der
Anus, Symbol der Unterwerfung unter die Materie,
außerdem jedoch auch Pforte der Ausscheidung,
wenn die Reinigung vorgenommen wird, Schluß-
ring des Austausches. Wie bei dem »Caca Dauphin«

befinden wir uns im Umstürzlerischen. Aber es gibt eine ursprüngliche Subversion, bei der es sich um eine Wiederbelebung der Energien handelt.

Da ich hier die Jahrhunderte der Majestät beschwöre, kann ich nicht auf das Vergnügen verzichten, Ihnen eine wahre und wunderbare Geschichte zu erzählen, über die Baltasar Gracián berichtet. Ein portugiesischer Jude sollte durch einen Besuch Karls V. geehrt werden. Er ließ den Weg, der zu seinem Haus führte, mit Goldstücken pflastern, die das Bild des Kaisers trugen. »Aber«, sagte ihm der Gesandte, »es könnte sein, daß es dem Kaiser mißfällt, auf sein eigenes Gesicht zu treten.« – »Daran habe ich gedacht«, erwiderte der Gastgeber. »Die Goldstücke liegen mit der Rückseite nach oben.« Das ist großartiger Luxus, Höflichkeit der Seele, Liebe zum Heiligen bis zur Narrheit. Goldene Jahrhunderte, Jahrhunderte des Lebens.

Ich kehre zu meinem Vorhaben zurück. Skatologie, Eros der Sakristei. Es ist um nichts verwunderlicher, daß die großen Mystiker jener Epoche so oft die Winde und die Entleerung beschworen und ihre ekstatische Begeisterung mit anal-erotischen Trieben verknüpften. Katharina von Siena hegte eine Leidenschaft für das Gold; sie wollte, daß alle Kreuze aus Gold wären, und stieß einen Wunsch aus, der die religiöse und fleischliche Raserei, den spirituellen Wahnsinn, die verklärte Verworfenheit und die erhabenste Liebe auf einen Höhepunkt trug, wo kein Einwand mehr gilt. Sie schrie: »Ich möchte von Christus geritten werden! Geritten – als ob ich ein Kreuz wäre!«

Die Erotik

*Die Orgie verhält sich zum Cledalismus wie
die Ziege zum Einhorn – Das unterbrochene Fest
oder die höchste Perversion – Märchenhafte
Geschichte des Opfers der »Christus«
genannten Frau – Der Geruch der Heiligkeit –
Die Erotik beginnt beim dritten – Die
bühnenmäßigen Stellungen der Begierde –
Eine Saga der Keuschheit.*

Ich schreibe ein Stück, das ich für Eingeweihte
inszenieren werde, *Die erotische Tragödie*. Aus dem
Namen einer der Personen, die meine Zwangsvorstellungen verkörpert, habe ich das Wort »Cledalismus« gebildet. Der Cledalismus ist eine besondere
und majestätische Form der Erotik, von äußerster
Verfeinerung, einer schmalen Elite vorbehalten, die
eine dalinische Geheimgesellschaft bildet. Es ist also
auch der Name einer meiner Passionen, die in völli-
gem Gegensatz zu meiner Liebesleidenschaft für
Gala steht. Zu Füßen Galas befinde ich mich in
einem Zustand bedingungsloser Unterwerfung und
Vergeistigung, während der Cledalismus eine Passion demiurgischer Beherrschung ist. Wenn Sie,
meine Leser, es mir erlauben und selbst wenn Sie es
mir nicht erlauben, werde ich mit der konkreten Beschreibung beginnen, dabei jedoch einige Zurückhaltung walten lassen, wenn auch nicht aus Achtung
vor dem Nächsten, sondern um meine köstlichen
Übungen ohne Störung fortsetzen zu können.

Es handelt sich darum, mehrere Personen zu versammeln, mindestens etwa fünfzehn, um eine erotische Zeremonie zu veranstalten. Ich bitte Sie, dabei nicht an eine vulgäre Orgie zu denken, und
zwar aus drei Gründen. Der erste ist der, daß meine
Teilnehmer mit äußerster Strenge im Hinblick auf
ihre Schönheit, ihren Geist und ihre ursprüngliche

Untauglichkeit für Beschäftigungen dieser Art ausgewählt werden. Der zweite ist der, daß das Hauptspiel darin besteht, sie zu überzeugen, sie dazu zu bringen, daß sie im Lauf der scheinbar zufälligen Begegnungen geistig umschwenken, und sie in ein sehr schlaues dalinisches System hereinzuholen, dessen Wesentliches ihnen unverständlich bleibt. Den überaus perversen dritten Grund werde ich Ihnen in Kürze anvertrauen.

Unter ursprünglicher Untauglichkeit verstehe ich den sittlichen Widerstand, die Zurückhaltung, den Stolz, das Unwissen. Anfangs behaupten die Menschen, die ich auswähle, sehr wenig interessiert zu sein, und schon gar nicht verlockt. Die Mädchen wollen einen immer davon überzeugen, daß sie nicht das mindeste lesbische Begehren empfinden. Genau. Ich richte es so ein, daß es in ihnen entsteht, daß es wächst, daß es sie verbrennt. Ebenso ist es mit den schönen Jungen: nichts Homosexuelles? Dali will, daß sie Päderasten sind, und sie werden es.

Ich beginne damit, daß ich die Begegnung zweier Menschen organisiere, die bisweilen auch nach meinen Entwürfen kostümiert sind. Jeder ist dann überzeugt, auf die Entdeckung einer klugen, ungewöhnlich verführerischen, verwirrenden Persönlichkeit auszugehen. Dann gibt es ein Diner für drei, danach für vier, für sechs und so fort. Sie werden gründlich vorbereitet. Es finden Diskussionen statt, rätselhafte Gespräche – im ganzen eine weite Entfaltung von ästhetisch-erotisch-amouröser Diplomatie. Als Krönung für dieses Gebäude erfinde ich eine Passion. Ich überzeuge zwei Geschöpfe davon, daß sie verrückt nacheinander sind, es sich aber nicht zu gestehen wagen. Schließlich suchen sich die Augen und trüben sich, Kopf und Herz geraten in Schwin-

gungen, der Motor des Begehrens beginnt sein ge-
fährliches, erhebendes und verhängnisvolles Sum-
men. Meine Lust erreicht den Gipfel, wenn eine der
beiden kommt und mir ihre glühende Verwirrung
gesteht. Nun präzisiere ich: »Sie sind also bereit zu
diesem, zu jenem, zu dieser Aufforderung, zu jener
Zärtlichkeit?« Natürlich ist sie bereit. Meine mit-
reißenden und herausfordernden Präzisierungen
peitschen sie auf.

Zweiter Akt: ich schaffe rund um dieses durch
Tricks erzielte, plötzliche Aufflammen der Begierde
eine kollektive Leidenschaft, ein Ballett der Lüste.
Die gesamte Truppe ist auf die Idee einer erotischen
Zeremonie, einer magischen Versammlung aus-
gerichtet, die das dalinische Genie kodifiziert hat.
All diese auf ein Mitwirken gespannten Menschen
verschaffen mir eine wunderbare Erregung. Ich genieße ihre geistige und sinnliche Mitschuld, die ohne
mich nicht entstanden wäre. Keiner der Beteiligten
hätte je an solche Dinge gedacht, und so bin ich der
Schöpfer einer unaufhörlich dichter werdenden
Spannung. Während sie sich verwandeln, ergreift
eine heilige Ungeduld von ihnen Besitz. Sie haben
völlig vergessen, daß sie sich weigern könnten. Aber
könnten sie es wirklich? Habe ich sie nicht wegen
eines Bruchs in ihrem Innern, wegen einer Leere ausgewählt, die ich sofort ahnte und ausnutzte? Ich
habe ihnen eine Rolle zugeteilt. Ich habe sie in mein
mythologisches Universum eintreten lassen und
ihnen schließlich eine Dichte verliehen, die sie vorher
nicht kannten.

Nun wird es Zeit, daß ich den dritten Grund dafür
enthülle, weshalb die dalinische Versammlung keine
andere Beziehung zur Orgie hat, als sie zwischen
der Hausziege und dem göttlichen Einhorn besteht.

Die höchste Perversion, die ungeheure Lust ist es, die vollständige Sabotage der diabolischen Bemühungen genau in dem Augenblick durchzuführen, wo diese Bemühungen unmittelbar vor dem Erfolg stehen. Das heißt dieses Feuer austreten, indem man jäh ein Gebirge von Eis daraufwirft. Das heißt, daß überhaupt nichts passiert. Das heißt, im letzten Augenblick das vollständige Scheitern zu organisieren. Das ist der absolute Orgasmus! Die brutale Umkehrung des mächtigen Motors, deren Erschütterung in gewaltigen Wellen demiurgischer Freude bis ins Gehirn zurückgeworfen wird. Ich organisiere die Katastrophe, wie Hitler seinen Abstieg zur Walhalla organisiert hat. Denn in Wirklichkeit war Hitler ein Masochist und ersehnte den Abgrund. Was hätte er getan, wenn er den Krieg gewonnen hätte? Wie hätte er den ungeheuren Überdruck ertragen, ein Reich verwalten, sich in einen Administrationsbeamten verwandeln zu müssen? Er hat den höchsten Orgasmus im ungeheuerlichsten Bankrott gesucht. Den Finger am Abzug, mußte er im höchsten Genuß abtreten: er hat etwas bekommen für sein Geld.

Ich stelle mir die kompliziertesten erotischen Raffinessen, die kunstvollsten Kombinationen, die auf köstliche Art unmöglichen Stellungen vor und bin bereit, Millionen für Diners, Wege, Einladungen, Kostüme, Beleuchtung, Dekorationen auszugeben. Aber mein glühendstes Begehren ist, daß nichts geschieht. Nichts! Nicht einmal Kontakte zwischen all diesen Wesen, die so schwer zusammenzubringen waren, die man mit so viel Durchtriebenheit und Charme erst zur Einwilligung, dann zur Ungeduld führen mußte. Nicht die leiseste Berührung! Ein ungeheurer Betrug! Ein eisiges Zusammenschrumpfen! Bestürzende Nichtigkeitserklärung!

Das hindert mich jedoch nicht daran – ganz im Gegenteil –, einen riesigen Genuß an den Vorbereitungen zu finden, die, wie ich sagte, Wochen, Monate, Jahre dauern können. Bei diesen Vorbereitungen habe ich stets eine Frau bei mir, die ich den Notar nenne. Von meinem Vater, dem geachteten Notar in Figueras, habe ich die Vorliebe für die Genauigkeit, für die sorgsame Registrierung der Tatsachen. Mein »Notar« hat also die Aufgabe, all das zu notieren, was geschieht und was gesagt wird. Er hat an jeder Begegnung teilzunehmen und so durch seine gleichsam priesterliche Gegenwart zwischen den Geschöpfen ein rasendes Gefühl der gemeinsamen Schuld hervorzurufen. Man kann in den Protokollheften lesen, daß Dali an dem und dem Tag zu jener Stunde diese Person empfangen hat. Diese Person war soundso frisiert, soundso gekleidet, trug eine Handtasche von diesem oder jenem Sattler. Sie hat dieser Gebärde zugestimmt, sich verpflichtet, auf die und die Weise mit jener andern Person zu schlafen, und wird sich an diesem oder jenem Tag, zu dieser oder jener Stunde in dieser oder jener Eigenschaft bereit finden, an einer kleinen Einleitungszeremonie teilzunehmen, etwa an der Einführung eines Strohhalms, dessen anderes Ende angezündet wird, das dalinische Feuerrituell, an diesem... oder an jenem... Erlauben Sie mir, das Heft des Notars wieder zuzuklappen. Es gefällt mir, wie Nietzsche, eine Schranke um meine Lehre zu ziehen, damit die Schweine nicht hinein können.

Das moderne Leben macht die Verwirklichung einer dalinischen – oder vielmehr cledalistischen – Séance schwierig. Es bedarf großer Mühe, um die Zeiten aufeinander abzustimmen, wo die einzelnen frei sind. Und dann regnet es: man findet keine Taxe, es gibt Verkehrsstockungen. Das Gleichgewicht ist gestört, man muß die einen abbestellen, die andern nach Haus schicken. Große Aufregung in meinem luziferischen Sekretariat. Ich dagegen sage mir: bravo! Spielen die Zufälle gegen meinen Plan? Aber es ist ja schon alles abgelaufen, weit prächtiger und raffinierter – in meiner Phantasie. Ersparen wir uns die undankbare Mühe, dem wirklichen Ablauf beizuwohnen. Nutzen wir die Gelegenheit, um die Verwirklichung noch weiter hinauszuschieben. Erfinden wir neue Perversionen, zusätzliche Vorbereitungen, vervielfältigen wir die Knüppel auf den Wegen der Karawane des Eros! Das werde ich unverzüglich tun, wenn meine Truppe toll wird vor Ungeduld.

Der Glanzpunkt der letzten Jahre, die genialste meiner erotischen Erfindungen, hat eine Vorbereitungszeit von achtundvierzig Monaten gebraucht. Ich hatte eine junge Frau von ungewöhnlicher Schönheit gefunden, sehr mystisch, sehr rein. Ich hatte sie »Christus« getauft – wegen der Klarheit ihrer Seele, einer gewissen Ähnlichkeit der Gesichtszüge und weil es gerade die Karwoche war. Ich setzte all meine Waffen ein, um sie zu verführen, sie zu verderben, sie zu beschwatzen, sie anzuwerben, sie meinem Willen zu unterwerfen. Natürlich ist es mir gelungen. Vier Jahre später war sie geneigt, sich all meinen Wünschen zu beugen – in Gesellschaft von fünfzehn sorgfältig abgerichteten Adepten, die Begierde und gemeinsames Schuldgefühl entsprechend den Figuren und dem Rhythmus meines imaginären erotischen Balletts zusammengeschweißt hatten. Bei der endgültigen Versammlung sollte sie zum erstenmal mit LSD berauscht werden, einen gewissen geistigen, visuellen, sexuellen Wahnsinn erleben, einige mit gründlicher Sachkenntnis einstudierte sexuelle Angriffe erleiden und dabei Stellungen einnehmen, die meinen Träumereien entsprachen. Das Rituell sollte im großen Salon des Hotels San Regis in New York stattfinden. Die Fenster dieses achtzig Meter langen Salons gingen zu meiner höchsten Erregung auf eine Kirche. Die junge Frau traf zur vereinbarten Stunde in Regenmantel und weißen Strümpfen ein, wie wir es verabredet hatten. Wir begannen mit den Stellungen, der letzten Probe vor der so sehr erwarteten Zeremonie. Da entdeckte ich im Lauf dieser Probe, als ich ihren entblößten Körper in die vorgesehenen Stellungen brachte, daß die Füße des »Christus« einen erhabenen Geruch hatten. Absolut sauber, strömten sie einen diskreten und wunderbaren Rosenduft aus, zweifellos etwas wie den Geruch der Heiligkeit. Am gleichen Tag hatte ich die Zeitschrift *The Scientific American* erhalten. Diese Publikation lese ich regelmäßig. Ich hatte darin einen Aufsatz über den Geruchssinn gefunden. Darin wurde erklärt, daß die wohlriechenden Moleküle eines Parfüms in die Tiefe der Nasenhöhlen, und zwar in eine kleine Sackgasse, eindringen, deren Gestalt sie sich völlig anpassen, ehe sie dem Gehirn signalisiert werden. Eine Zeichnung stellte die Struktur des Raums für den Rosenduft vor. Unaussprechliche Verwunderung, dalinische Erregung über das Erträgliche hinaus, neue Bestätigung der erstaunlichen Ergebnisse der paranoisch-kritischen Methode: indem ich mir den Standort des »Christus« in diesem Salon vorstellte, hatte ich eine Struktur skizziert, die völlig mit der Zeichnung im *Scientific American* übereinstimmte, also mit der Molekularstruktur des köstlichsten Dufts.

Man wird nun verstehen, daß jeder Vergleich des Cledalismus mit einer kollektiven Orgie eine Sünde wider den Geist wäre. Die Orgie spielt sich immer in gallertartiger Anarchie ab, während die dalinische Erotik einer strengen Organisation, die mein Wahnsinn bestimmt, und einer Orchestrierung und Hierarchisierung der Formen, Bewegungen und Farben gehorcht. So hatte ich, um den Körper dieser Zelebrantin, die ich »Christus« nannte, zweckentsprechend aufzustellen, auf den Fußboden das Diagramm des Geruchs gezeichnet, der dem der Heiligkeit am nächsten kommt, da er zu sechzig Prozent aus Balsam besteht, einem Stoff, der in der Parfümerie und Theologie sehr bekannt ist. Aufs höchste erstaunt, rief ich sofort Dr. Paul Colin an, um mir Einzelheiten über die chemische Zusammensetzung des Geruchs der Füße geben zu lassen. Ich erfuhr, daß sie fast die gleiche sei wie die des Rosendufts! Und das gleiche gilt für die Hände bei Menschen von vollendeter Heiligkeit und unbedingter Sauberkeit.

Ich erinnere mich, daß García Lorca sagte: »Die Füße Jesu hatten den Geruch und die Temperatur der Rose.« Bei dem ersten und einzigen Mal, daß Lorca mit einer Frau schlief, hatte er einen wunderbaren lyrischen Schwung. Er wiegte sie nach dem Orgasmus in den Armen und murmelte ihr zu, während er nach ihren Händen griff: *En la yema de tus dedos, rumor de rosas encerradas.* Ich kann das *yema* nicht übersetzen: Es ist das Eigelb, der goldene Teil des Eies, das flüssige Gold, die größte Feinheit, die köstlichste Süße, womit Lorca die zarte, leicht ockerfarbene und durchscheinende Haut zwischen den Fingern vergleicht. »Zwischen deinen Fingern ist ein Brausen von Rosen eingeschlossen.« Ich erinnerte mich also dieses erhabenen Wortes, elektrisiert vom Jubel über all dieses bedeutsame Zusammentreffen.

Das Mädchen, das ich »Christus« nannte, war bereit, die Zelebranten auf ihren Plätzen. Ich empfahl dem Notar, die Umgebung aufzuzeichnen. Ich hatte die Heldin genau in die Achse des Kirchturms gestellt. Schiffslaternen und bunte Gasdämpfe dienten als Beleuchtung. In dieser dämmerigen Umgebung befand sich die Heldin, bereits mit LSD behandelt und mehrmals bis zur Grenze des Orgasmus gestreichelt, in einem fast halluzinierenden Zustand. Ich hatte an die andere Seite des Salons kleine, mit Helium gefüllte Ballons bringen lassen, die wir mit großer Genauigkeit fernlenken konnten. In dieser ungewissen Atmosphäre mußte das offen daliegende Mädchen, verloren zwischen den aus dem LSD aufsteigenden Bildern und den ungewöhnlichen äußeren Wirklichkeiten, dieser »Christus« mit dem Rosenduft, in tückischen Umkreisungen unsere gespenstischen Ballons schweben sehen, die sich sanft näherten und den empfindlichsten Punkt ihres strahlenden Fleisches zum Beben brachten. Vier Jahre Vorbereitung! Eine dicke Akte, in der die Veränderungen des geistigen Zustands jedes einzelnen eingetragen worden waren, wo alle Gespräche mit »Christus« über Gott, die Engel, das Fleisch aufgezeichnet worden waren. Ein erhabenes und wahnsinnig machendes Material. Und wir waren nur noch wenige Minuten vom Ziel entfernt. Da kommt der Notar, das Heft in der Hand, auf mich zu und sagt: »Ich habe den Namen der Kirche festgestellt, Göttlicher, und ich bedaure, Ihnen mitteilen zu müssen, daß es sich nicht um eine katholische Kirche handelt. Es ist eine baptistische Kirche.« Blitz und Donner! Ich entspanne mich sofort, und freudige Katastrophenstimmung durchdringt mich, während ich verkünde:

»Es ist nicht mehr möglich!«

»Aber warum? Warum?«

»Weil die Kirche baptistisch ist.«

Das Großartige daran, daß das alle sofort verstanden! Eine ungeheure Enttäuschung, eine abgrundtiefe Kälte brechen auf die Versammlung nieder. Was haben sie verstanden? Das frage ich mich. Aber schließlich protestiert niemand, jeder beugt sich dem Eintreten einer geheimnisvollen Unmöglichkeit. Sie gehen, Eis im Herzen. »Christus« zieht die weißen Strümpfe, den Regenmantel wieder an und verschwindet taumelnd. Und ich bleibe allein in diesem Narrenschiff, inmitten der bunten Dämpfe, bewundere diese erstaunliche Vereitelung und weine vor Freude über diese gigantische Sabotage in einem Zustand höchsten Frohlockens.

Glauben Sie jedoch nicht, daß mein Genuß ausschließlich intellektuell wäre. Die Zeiten der Vorbereitung verschaffen mir eine präzise Erregung. Wenn ich Siesta halte, denke ich: »In diesem Augenblick speist ›Christus‹ mit dem Notar, der mich in kurzer Zeit anrufen wird. Die junge Frau hat gewiß die beiden Personen akzeptiert, die ich ihr vorgeschlagen habe.« Und nicht nur mein Gehirn ist erigiert. Solche Überlegungen nähren mich erotisch während des ganzen Tages. Ich bitte Sie jedoch zu vermerken, daß sie ganz und gar nicht auftreten, wenn ich mich Gala nähere. Sie ist die einzige Frau, in die ich mich in einem raschen und vollkommenen Orgasmus ergieße, den architektonische Bilder von erhabener Schönheit begleiten: vor allem Kirchtürme.

Es gibt Proben und sekundäre Zeremonien, bei denen immerhin einiges geschieht. Persönlich vermeide ich Kontakte und begleite die Genüsse des Voyeurtums mit ein wenig Masturbation. Ich verschenkte mein Mark auf unvorhergesehene Weise und häufig an Lippen, die es am wenigsten erwarten. In den Vorbereitungen für die Feiern des Cledalismus verpflichten wir gelegentlich professionelle Klassefrauen, deren wir für die Nummern bedürfen. Beispielsweise verwenden wir Frauen, die ich Daniels nenne. Diese Daniels müssen unbeweglich und gleichsam betend bleiben, während die wahren Adepten, die Löwen, sie erregen. Die Auswahl der Daniels geht ebenfalls auf strenge Weise vor sich: die eine wegen ihres Rückens, die andere wegen ihrer Frisur, wieder eine andere wegen der Schultern oder des Halses. Wenn ich in einer Gruppe damit beschäftigt bin, eine Daniel auf die Probe zu stellen, geschieht es wohl, daß ich mich selbst befriedige. Aber ich wiederhole es: die erhabene Perversion und die schärfste Lust, die, die meine Lippen verzerrt und von den Zähnen zieht, ist die jähe Vereitelung des Begehrens, der unerwartete Stillstand, die Niederlage. Pauwels sagt, man müsse eine Studie von Dali machen und dabei von den Mythen, Verrücktheiten, Traditionen und Genies Kataloniens ausgehen. Das glaube ich auch. Ich meine heute, daß meine Erotik nicht ohne Verbindung zu dem alten Einfluß der Katharer ist, zu der Mystik der Troubadoure und der höfischen Liebe, zu den Genüssen des Nichtvollzugs, den Vergeistigungen des Akts durch Entzug, dem Wiederaufsteigen der Kräfte des Orgasmus zum Gehirn, der Umkehrung des Stroms und der dadurch hervorgerufenen Erleuchtung des Gehirns, kurz zu alldem, was René Nelli so hervorragend behandelt hat. Große intellektuelle Orgasmen, die von einem greifbaren Fast-Nichts ausgehen. Die Begierde als verwandelnder Wert: der Koitus, verinnerlicht, der auf die Spitze meines Pinsels zurückstrahlt.

Trotzdem sind die Versuche, die vorbereitenden Übungen keineswegs uninteressant. Möglich, daß ich mit dieser großen allgemeinen Idee die nahezu ständige, völlig erotische Beschäftigung rechtfertige, die mir die Organisation der kleinen Präliminarfeste, die lasterhaften Genüsse am Rand des Rituells, der monumentalen Zeremonie der Versagung bringen. Meine Gedanken sind dauernd von diesen Phantasien in Anspruch genommen, und ich kombiniere unaufhörlich, weil niemals etwas wiederholt werden darf, keine Einzelheit, keine Nebensache, und auch weil es in dieser internationalen dalinischen Geheimgesellschaft, deren Pole Paris und New York sind, Menschen gibt, die wechseln, die kommen, gehen und verschwinden.

New York ist das Paradies der Erotik. Es ist die Stadt, in der es die meisten Narren, Originale, Wahnsinnigen gibt. Außerdem ist es die Welthauptstadt der Schönheit. Nicht, daß die Amerikanerinnen besonders hübsch wären. Aber alle Frauen unseres Planeten, die ihre Schönheit kommerzialisieren wollen, werden magnetisch von New York angezogen, und unter ihnen kann man Ausnahmewesen finden – wie diesen »Christus«. Überdies sorgen die Welle der Halluzinogene und die ungeheuerliche Infragestellung der Tabus und der Interdikte in den intellektuell-artistisch-mondänen Kreisen New Yorks dafür, daß ich dort über eine prächtige Fauna von Erotomanen herrsche.

Das Laster, von diesen Dingen zu reden, wird bei mir immer stärker. Es genügt, daß ich mich mit einigen Menschen an einem halbdunklen Ort befinde, und schon sprudeln die Worte aus mir hervor. Ich habe dann jedesmal Lust, diejenigen mit meinem Stock zu schlagen, die mir nicht aufmerksam genug zu sein scheinen. Doch von alldem nicht ein Wort zu Gala. Sie hat den surrealistischen Puritanismus geerbt. Zuerst versuchte ich ihr alles zu erzählen, dann verspürte ich die Regung, alles zu sagen. Doch obwohl sie nicht eifersüchtig ist, hat sie mir zu verstehen gegeben, daß sie darunter leiden würde, wenn sie alles erführe. Nach stillschweigender Abmachung bleiben wir bei Umschreibungen und unbestimmten Anspielungen. Übrigens kommt mir nie der Gedanke, daß ich sie in diese Phantasien hineinziehen könnte. Nicht, daß sie schmutzig wären, aber die Reinheit unserer Beziehungen und meiner Liebesleidenschaft würde dadurch vermindert. Ich lasse Gala also auf eine geistige und seelische Ebene hinabsteigen, die sehr viel tiefer liegt als die der Leute meiner Truppe, mit denen ich nicht durch Zuneigung verbunden bin. Mir macht es beispielsweise wenig aus, ob diese krank werden, während mich bei Gala schon die geringste Erschöpfung aus der Fassung bringt. Schließlich möchte ich, da ich ganz und gar nicht sadistisch bin, Gala auch nicht den leisesten Schmerz zufügen.

Ich bin kein Sadist, trotzdem habe ich vor einiger Zeit einem Menschen den ersten Peitschenhieb meines Lebens versetzt. Das geschah in Paris. Ich war mit einer jungen Frau zusammen, die mich ärgerte. Sie behauptete albernerweise, daß diese ganze Schaustellung von Perversionen Snobismus sei, Angeberei, literarisches Geschwätz. »Ich glaube auch nicht«, sagte sie, »an diese Geschichten von teuflischen Fürsten, die ihre in Ekstase versetzten Opfer bis aufs Blut peitschen.« Darauf fragte ich sie ernsthaft: »Erlauben Sie mir, Ihnen einen Peitschenhieb zu versetzen?« Sie erklärte sich im Scherz bereit. Ich habe ihr einen einzigen, aber gewaltigen Schlag

gegeben, und sie bäumte sich und sprang bis an die
Decke, dann sank sie auf dem Teppich zusammen
und schluchzte lange Zeit. Diese göttlichen Tränen
wuschen ihr die Albernheit ab. Ich habe nicht vor,
noch einmal damit zu beginnen, aber ich habe gelernt, daß einiges Vergnügen darin liegen könnte.
Bald darauf ließ ich im Geist die Personen meiner
Versammlung Revue passieren und stellte fest, daß
ich sie alle mit Befriedigung schlagen könnte. Aber
ihre Hinterbacken werden sich nicht röten: ich bin
zu faul.

Meine Liebe geht durch die Seele, meine Erotik
durch das Auge. Deshalb bedeutet mir das Duo
nichts, abgesehen von der wunderbaren Übereins-
stimmung zwischen Gala und mir, bei der, wenn ich
mich mit ihr vereinige, die erhabensten Bilder der
Welt und meines Lebens zusammenströmen.

Die Erotik beginnt beim dritten. So sehe ich gern,
wie ein Paar – heterosexuell oder nicht – in Ekstase
gerät. Ich dirigiere und ordne die Stellungen bis in
die winzigsten Einzelheiten: Bewegung der Füße,
das Fallen einer Haarsträhne, Richtung des Blicks,
Lächeln. Es ist notwendig für mich, daß die Leidenschaft sie erfüllt oder daß sie sie vollendet simulie-
ren.

Neulich habe ich ein wunderbares Erlebnis gehabt. Es war mir gelungen, eine junge Frau von
gewöhnlicher Rasse, aber hübsch, dazu zu bewegen,
sich von einem Jungen, den sie begehrte, wie ein Tier
nehmen zu lassen. Das hatte sie zunächst abgelehnt.
Diese Angriffsart sei nicht nach ihrem Geschmack.
Schließlich überredete ich sie. »Ihretwegen, nur
Ihretwegen bin ich bereit.« Ich kam mit einer amerikanischen Freundin: meine Sorge geht stets dahin,
mich von einem Notar begleiten zu lassen. Wir

saßen auf dem Sofa, sie lagen auf dem Bett, Vier-
füßler, die aufeinanderstiegen, sie wie ein kleines
klagendes Tier, er wie ein Stier in voller Brunst.
Als er plötzlich gewaltsam in sie eindrang, schrie
sie auf spanisch: »Für den Göttlichen! Ich tue das
für den göttlichen Dali!« Ich empfand schneidende
Eifersucht, denn ich spürte, daß sie nicht vollkommen aufrichtig war, daß die Liebe zu diesem jungen
Mann in ihrem Herzen und Eingeweide ausbrach.
»Ja, ja«, erwiderte ich, »aber liebst du ihn nicht
doch, den da, der da hinter dir ist?« Sie hörte auf,
Komödie zu spielen, und wurde von einem Krampf
wunderbarer Aufrichtigkeit gepackt. Sie rief: »Ich
liebe ihn. Ich bete ihn an.« Und dann streckte sie die
Arme vor und begann, sich zu drehen und nach
hinten zu wenden. Ihre Hände schlugen die Luft,
sanft und geschmeidig wie Palmwedel, die der Wind
bewegt. Aus dem Tierreich trat sie ins Pflanzenreich
hinüber. Sie verdrehte sich stärker, das Gesicht
zurückgewandt in einer dieser unglaublichen Stellungen auf den hinduistischen Fresken, und ihre
Lippen streiften, streiften nur gerade eben die Lippen des Mannes in einem engelhaften Kuß. Tier,
dann Pflanze, schließlich Engel. Vor dieser Vollendung, dieser plötzlichen Vergeistigung, diesem
Fließen der Strukturen bis zur erhabenen Reinheit
ließ meine physische Erregung nach, und ich wurde
von einer spirituellen Freude überflutet. Auf dem
höchsten Gipfel ihrer Spannung hört die Erotik auf,
das Fleisch zu reizen; ihre Kräfte verwandeln sich
in geistiges Gold.

Es war so schön, daß wir wünschten, sie sollten
die Szene noch einmal beginnen. Wir sind dabei in
lächerliche Verzerrungen und falsche Bewegungen
gestürzt, und der Junge ist aus dem Bett gefallen.
Es gibt Harmonien, die sich niemals wiederholen

lassen, und das, was in seiner Einmaligkeit erhaben war, wird in der Wiederholung gemein.

Wie jeder weiß, arbeite ich viel. Mein Denken indes ist stets mit andern Dingen beschäftigt, fest auf den Gedanken an den Tod und auf erotische Kombinationen gerichtet. Raffael sagte, damit einem ein wunderbares Gemälde gelinge, müsse man an etwas anderes denken, während man den Pinsel führe. Seine Ateliers waren angefüllt mit schönen Menschen, die sich umschlangen, mit Sängern, Musikern, Dichtern, die ihre Verse rezitierten. Wenn der Abend kommt und man zurücktritt, um seine Leinwand zu betrachten, ist man überrascht von dem, was die eigenen Finger geschaffen haben. Das Beste in einem steigt automatisch herauf, während man in Gedanken auf tausend bunten, sich verändernden, sich ständig kreuzenden Strömungen gefahren ist – eine waghalsige, verrückt machende Fahrt von einer unerwarteten Insel zur andern. Ich denke an den Tod, Gala liest mir einen Roman vor, das Radio geht, ich erfinde Szenen für mein erotisches Theater, mein Geist schwimmt auf tausend Wogen, und das Bild entsteht, unerbittlich strukturiert.

Nun fragen Sie mich aber nicht, ob mir die Erotik unerläßlich sei. Alle Arten, in denen wir existieren, sind unerläßlich. Meine Bilder sind für mich eine der Möglichkeiten, meine Libido ästhetisch zu ordnen. Aber ich will Ihnen ein Geständnis machen: ich könnte eher ohne zu malen auskommen, als ohne immer neue bühnenmäßige Situationen der Begierde zu erfinden. Dazu genügt mir meine wahnsinnige Phantasie, und schließlich brauche ich dazu nichts und niemand.

So bin ich nicht lüstern auf erotische Literatur, weil mir da alles fade und bedeutungslos erscheint.

Trotzdem lese ich Jahr um Jahr *Die hundertzwanzig Tage von Sodom* (Marquis de Sade) wieder, denn ich habe einen erhabenen Plan. Und damit will ich dieses Kapitel abschließen, denn ein solcher Plan bildet die harmonische Kuppel für die köstlichsten jener Ausführungen, die Sie eben gehört haben. Eines Tages werde ich dieses Buch neu schreiben, um es ganz sicher unsterblich zu machen. Ich werde darin alle Begriffe umkehren: alles, was Laster ist, wird Tugend sein, alles, was Geschlecht ist, wird Seele; jeder Orgasmus Ekstase, alles Fleisch Geist. Ich werde die Saga der Keuschheit, der Enthaltsamkeit und der seelischen Vollkommenheit daraus machen.

Die Monarchie

*Das an »Ismen« erkrankte Europa – Ich sehe
eine mittelalterliche Epoche heraufziehen –
Loblied auf Primo de Rivera – Die
geodätischen Kuppeln Fullers – Die
monarchische Kuppel – Schmutzereien vom
Parthenon – Definition der Legitimität –
Die Humanitätsdusligen haben Butter in den
Augenwinkeln – Juan Herrera kontra
Hans-Jakob Rousseau; Velázquez kontra
Picasso – Die Monarchie ist die DNS – Es lebe
der legitime Schwachkopf! – Der König, die
Technik und die verliebte Neue Welt – Mein
lieber Pujols und die Politik.*

»Die Welt«, sagte Fürst Liechtenstein im Jahr 1877,
»ist von einer unaufhörlichen Angst verdunkelt. Seit
sie sich von dem göttlichen Gesetz entfernt hat, ist
das menschliche Gesetz nichts anderes mehr als der
Wille der Starken, das Böse nur die Verletzung
dieses Gesetzes durch die Schwachen und das Gute
nichts als die Kunst, mit der die Geschickten dieses
Gesetz zu umgehen vermögen. Und während die
übergroße Zahl der Menschen, verzehrt vom Mangel, erschöpft vom Übermaß an Arbeit und der
ewigen Hoffnungen beraubt, vom Anblick der Genüsse außerhalb ihrer Reichweite gemartert wird,
lebt die kleine Zahl, bestürzt über den Haß, der
sich wie ein Gespenst an ihren Tisch setzt und wie
Henker vor ihrer Tür wartet, weil sie sich allein im
Besitz der Güter befindet, ständig in dem Gedanken, sich dieser Güter beraubt zu sehen. Die Menschen haben sich auf dieser Welt eine wahrhafte
Hölle geschaffen.« Die Tradition lehrt uns, daß wir
mit der Bearbeitung der Erde den Himmel bestellen. In ihrer revolutionären Illusion, auf dieser
Welt nur noch für sich selber arbeiten zu brauchen,

haben sich die Menschen an ihre Gier ohne Ziel gekettet. Die Gefühle sind immer niedriger geworden, das Denken immer platter. Was ich in meinem Geheimen Leben geschrieben habe, bleibt gültig: Europa bereitet sich darauf vor, an »Ismen« und ihrer Anarchie, an der fehlenden Härte in der Politik, der Ästhetik und der Moral zu krepieren. Es bereitet sich darauf vor, an der Skepsis, der Willkür, der Verweichlichung, der Gestaltlosigkeit, an der fehlenden Synthese und am mangelnden Glauben zu krepieren. Weil Europa von der verbotenen Frucht der Spezialisierung gekostet hatte, glaubte es, alles zu wissen, und verließ sich auf die anonyme Faulheit all dessen, was »kollektiv« ist. Unsere Exkremente sind das, was wir gegessen haben. Europa hatte »Ismen« und Revolutionen gegessen. Seine Exkremente mußten die Farbe des Krieges und den Geruch des Todes haben. Europa vergaß, daß das Glück eine individuelle und subjektive Sache ist und daß sich seine erbärmliche Zivilisation unter dem Vorwand, den Zwang jeder Art abzuschaffen, zum wirklichen Sklaven seiner Freiheit machte. Karl Marx hatte geschrieben: »Die Religion ist das Opium des Volkes.« Doch die Geschichte sollte bald anschaulich zeigen, daß der Materialismus das konzentrierteste Gift des Hasses ist, an dem die Völker schließlich starben, erstickt in den schmutzigen, stinkenden und vom modernen Leben bombardierten U-Bahnen.

Die russische Revolution, das ist die Französische Revolution, die infolge des Frostes Verspätung hat. Die erfrorenen Soldaten von der Beresina standen wieder auf, kamen durch das Eis und rückten in ihren langen Mänteln vor. Aber das Blut wird nie wieder warm. Was vergessen worden ist – und was uns retten wird –, ist die Kraft der Reaktion von überindividualistischen Menschen, die zu einer Höchstleistung des Protestes getrieben worden sind. Die Geschichte wird von nachgiebigen Geistern gemacht, die der Historizität gegenüber willenlos sind. Sie wird von einem einzigen Geist verändert, der in sich selbst und in Gott vernarrt ist und sich weigert, an die Historizität zu glauben. In unserer Welt der seelischen Armut schwimmt die Gestaltlosigkeit des einzelnen in der Gestaltlosigkeit der Masse. Unsere Zivilisation glaubt, sich von jedem Zwang befreit zu haben: Doch sie tut sich selber Zwang an durch ihre Bedürfnisse nach rein zweckmäßigen, wertlosen Produkten maschineller und industrieller Art. Sie wird von den Ingenieuren beherrscht, die das erniedrigendste Produkt dieser Bedürfnisse sind. Alles materialistische Denken ist ein reiner Mechanismus der Ketten. Die Freiheit dagegen liegt im Glauben, und es kann keine intellektuelle Größe ohne tragisches und transzendentales Lebensgefühl geben. Aber die Revolte kommt aus der Tiefe des Abgrunds selbst. Ich sehe bereits, wie sich eine mittelalterliche Epoche einer neuen Verwirklichung individueller, spiritueller und religiöser Werte anbahnt. Und in diesem bevorstehenden Mittelalter will ich der erste sein, der ein so vollkommenes Verständnis für die Lebensgesetze, für den Tod und die Wiederaufstehung der Ästhetik besitzt, daß er »Renaissance« sprechen kann.

Der Umsturz des Caca! Sie fordern Freiheit, indem sie schreien: »Nieder!« Nieder die Form! Nieder das Wort! Nieder der Mensch! Ich heule: »Aufwärts!« Und deshalb habe ich José Antonio Primo de Rivera einen Kult gelobt, ich habe es an dem Tag getan, als er in dem berühmten Touristenrestaurant Duran in Figueras zum zweitenmal er-

mordet wurde. Manchmal frühstücke ich bei Duran.
Das Porträt von José Antonio schmückte eine
Wand. Eines Tages sah ich es nicht mehr. Man
erklärte mir: »Wir haben es endlich abgenommen.
Die Zeit ist vorbei. Niemand weiß mehr, wer das
ist. Und außerdem fühlen wir uns geniert, wenn
man uns danach fragt. Die französischen Gäste
sehen nicht gern einen Faschisten.« Ich nahm das
Bild unter den Arm. Ich hängte es in mein Eßzim-
mer. Stalin ist tot? Es lebe Stalin! Gott ist tot? Es
lebe Gott! Antonio ist nichts mehr? Er ist alles.
Meissonier auf den Abfallhaufen? Auf den höchsten Gipfel! Wir wollen dem heutigen Abfall gegenüber mißtrauisch sein. Holen wir ihn zurück, es
könnte sein, daß das, was man wegwirft, das Ausgezeichnete birgt. Der Gründer der Falange hat
Spanien in einer einzigen Rede mit einer unerhörten
vertikalen Bewegung aufgerüttelt. Er wagte folgendes zu sagen: »Ich möchte, daß meine Rede zu
den Bescheidensten dringt, zu den Arbeitern, zu den
Bauern, damit sie genau wissen, daß der, der zu
ihnen spricht, ein *señorito* ist.« Das war ein gewaltiger Faustschlag! *Señorito* war zu jener Zeit das
übelste Schimpfwort: junger Profitmacher, Sohn
seines Vaters, adliger Erbe. Alle Parteien von links
oder rechts benutzten demokratische Demagogie.
José Antonio besaß den Mut, sich als das vorzustellen, was er war, im Namen derer zu sprechen, die er
als Elite betrachtete, und ein Programm vorzu-
schlagen, das alle »Nieder!« wegwischte und den
einzigen Ruf »Hoch Spanien!« daraus machte. Ich
will den spanischen Faschismus nicht verherrlichen.
Was ich an diesem Ausspruch bewundere, ist der
Wille zum Umsturz der Ideen im vertikalen Sinn.
Im Vergleich mit einer solchen Geste sind die surrealistischen Kneipenprovokationen niemals mehr

gewesen als Possen von ein wenig überalterten Studenten. Ich stelle mir nicht die Frage, ob ich die Vorstellungen von José Antonio teile. Übrigens teile ich mit keinem Menschen etwas. Ich weiß nur, daß ich von der gleichen Methode ausgehe. Hoch! Alles aufwärts! Integrieren wir uns und erheben wir uns! Reformieren wir nach oben!

Buckminster Fuller, der in Kanada Spinnereilehrling und Auslader in einem Tiefkühlunternehmen war, der Autodidakt, Ingenieur, Industrielle, Architekt, den man lange als *crackpot*, als verschrobenen »Spinner«, betrachtete, ist heute in den Vereinigten Staaten eine Berühmtheit, »der erste Dichter der technischen Wissenschaften«, »das größte lebende Genie der industriellen Bautechnik«. Le Corbusier, Gropius, Mies van der Rohe, Perret sind – wie Picasso in der Malerei – ein Ende, kein Anfang. Sie setzen nur das 19. Jahrhundert bis zum Äußersten fort, sie verkünden nicht die Zukunft. Als sich Fuller in die Einsamkeit zurückzog und die Gesetze des Universums in Frage stellte, fand er, daß diese nur von einigen wenigen Prinzipien bestimmt werden und daß das Wesen der Dinge nicht die Materie, sondern der Entwurf ist. Von da an befreite er die Architektur vom rechten Winkel und setzte an die Stelle der lastenden Formen Formen, die aufschweben. Er bereitete die Rache der Lyrik vor, er übertrug der Inspiration das Recht, die Strukturen zu bestimmen. Darauf entdeckte der Architekt aufs neue die legitimen Formen: das Ei, die Muschel, die Kuppel. Die von Fuller erfundene geodätische Kuppel hat im Lauf von zehn Jahren mehr Quadratmeter bedeckt als jede andere Struktur. Diese Kuppel setzt sich aus kleinen vorzufertigenden Elementen zusammen, die auf einer geo-

metrischen Grundfigur, dem Tetraeder, beruhen.
Ein Stahlnetz hält diese Elemente, die aus Metall
wie aus Plastik, aus Pappe wie aus Bambus sein
können. Das ist die ideale Wohnung für alle Brei-
ten, Haus des Eskimos oder Pavillon der Vereinigten Staaten auf den Ausstellungen in Moskau und
Montreal. Die Technik der geodätischen Kuppel
erlaubt es, eine ganze Stadt damit zu bedecken,
damit diese klimatisiert werden kann. Fuller will
auf diese Weise Luft und Licht von Manhattan
verwandeln und träumt von einer durchsichtigen
sphärischen Struktur, die die ganze Erde umhüllen
soll. Als Fuller nachwies, daß der ideale Schutz des
Menschen die Kuppel ist, belebte er das monarchische Prinzip neu. Das Zeichen der Monarchie ist die
Kugel. Architektonisch drückt sie sich in der Kuppel
aus. Die Kugel beherrscht auf absolute Weise die
fünf regelmäßigen Körper. Fra Luca Pacioli, der
die Göttliche Proportion beschrieb, sagte oft genug:
»Die Monarchie, das ist die Kugel.« Daher ist die
Kuppel das wesentliche Element der menschlichen
und liturgischen Architektur. Das Volk muß sich
unter der Kuppel der absoluten Regierung geschützt
und reifen fühlen wie die Melone unter ihrer Glas-
glocke. Die Republik, deren Gestalt die des Parthe-
nons ist, bietet nur einen illusorischen Schutz, der
unaufhörlich in Frage gestellt wird. Sie ist Miß-
brauch der Macht, Anmaßung der Funktion, ständiger Verrat des rechten Winkels, illegitime Figur.
Nichts ist unsauberer als das eckige Dach eines Par-
thenons, auf dem sich aller Mist anhäuft, vor allem
der der Schwalben. Man braucht nur einmal den
Kopf zu heben: das Giebeldach ist ein Ablagerungs-
platz für Exkremente. Nichts könnte also weniger
legitim sein. Man muß diesen unnützen eckigen
Raum, Sammelbecken des Auswurfs, Ablagerungs-

ort für Kot und Staub, maskieren. Man muß also, um diesen Jammer zu verstecken, das machen, was unsere Bauern sehr richtig *»un cielo raso«*, einen niedrigen Himmel, nennen. Einen Plafond. Der *cielo raso* definiert sehr gut den republikanischen Trick, der an die Stelle der Kuppel, des Bildes für das Universum und für den absoluten Schutz, einen »niedrigen Himmel« hängt, eine gedankliche Pfuscherei, die – das Wort drängt sich auf – nivelliert. Der »niedrige Himmel« erzeugt beispielsweise in Bauernhäusern Feuchtigkeit. Die Leute wenden Zeit und Kraft daran, diese feucht werdende Decke immer wieder zu erneuern. So muß man auch alle fünf bis sieben Jahre die Republik restaurieren und zu neuen Wahlen schreiten. Nichts Solides, lediglich ein Provisorium von recht mäßiger Qualität. Plakate, Zeitungen, Radio und Fernsehen verkünden: »Leute, aufgepaßt! Man muß den ›niedrigen Himmel‹ erneuern!« Das gibt dann große Aufwendungen an Gütern, Kräften, Gedanken, gibt Ressentiments und enttäuschte Hoffnung für nicht mehr als eine Wiederherstellung dessen, was man ohnehin schon hatte. Die leuchtende und klimatisierte Kuppel der Erbmonarchie ist dazu bestimmt, ewig zu dauern. Weder »niedriger Himmel« noch Feuchtigkeit: ein vollkommenes Gewölbe, trockene, gesunde Luft. Für mich ist das die beste Form der Gesellschaften. Oben – geöffneter Himmel, ein Maximum an Gleichartigkeit und Konzentration, das harte Auge des Monarchen als Widerspiegelung des göttlichen Blicks. Unten – in den Freiheiten des niederen Volks ein Maximum an Verschiedenartigkeit: Luxus aller Art, Unordnung, Perversionen, Komplotte, Revolten, Anarchien, wobei es die Kunst der Monarchie ist, das Konzentrische mit dem Exzentrischen ins Gleichgewicht zu bringen. Die leuchtende Festigkeit der absoluten Macht schützt und ordnet dieses ungeheure Gewimmel, diese Gärung, aus der das Volk seine geistige Gesundheit schöpft.

Meine Passion für die Monarchie hat nichts mit den Sehnsüchten einer provinziellen Aristokratie oder mit den Thesen Mauras' gemein. Ich hege nur zur Intelligenz Vertrauen. Intelligenz ist jene Fähigkeit, die sich offenbart, wenn man aufhört der Intelligenz das Funktionieren zu verbieten. Diese Fähigkeit durchdringt die Realität, um die Prinzipien zu erreichen, die Ausdruck der universalen Harmonie sind. Meine Leidenschaft für die Monarchie ist also an eine noch zwingendere und wesentlichere Leidenschaft gebunden, nämlich an die für die Legitimität. Was ist Legitimität? Sie ist die Kontinuität dessen, was gerecht ist. Diese Definition habe ich beim Baden gefunden. Wenn ich jeden Morgen in das Wasser von Port Lligat zu Füßen meines Hauses eintauche, in der Landschaft meiner Kindheit, am Rand der Erde Kataloniens, das für mich der Mittelpunkt der Welt ist, tue ich etwas Gerechtes. Der Ort meiner Wahl, meine Gebärden, meine Gedanken, meine Werke, meine Worte, meine Vergnügungen, meine guten Einfälle und meine Irrtümer stammen in gerader Linie von mir selbst ab. Wenn ein Mann von sich selbst abstammt, ist er gerecht. Er weiß, was legitim ist, und diese Legitimität äußert sich in allen Augenblicken seines Lebens. Sie bestimmt sein Verhalten, seine Nahrung, seine Art, sich anzuziehen, seine Genüsse, seine Arbeiten, sein Schweigen, die Stunde, zu der er eine Jasminblüte pflückt, und seine flüchtigste Erektion. Das Glück, das Gute, die Güte sind nichts. Die Legitimität ist alles. Gerecht ist die nackte Schau des Seins. Gerecht ist das harte Auge der Monarchen, das unerbittliche Auge Karls V., der stählerne Blick Philipps II.

Wir leben im Zeitalter der *lagâna*. *Lagâna* nenne ich das kremartige Sekret, das die Verfechter des menschlichen Wohls ständig in den Augenwinkeln haben. Diese »Butter« der Augen sollte ernsthaft von den Chemikern studiert werden. Sie ist aufschlußreich für die unglückselige Konstitution der Sentimentalen, der in die Menschheit Verliebten, der »Guten«. Sie ist aufschlußreich für eine Allergie gegen die Größe und bestimmt auch für eine noch tiefere Allergie gegen Gott. Diese Augenbutter ist das Zeichen der aus der Legitimität Verbannten und der toten Seelen. Es ist die rührende Flüssigkeit, die den Blick des Haushunds feucht macht. Die Tränen der Großen sind aus Blut. Wir wälzen uns in dieser *lagâna*, der Suppe der Masse und Promiskuität. Dieses Gericht, zubereitet von Rousseau und von der Französischen Revolution weiter auf langsamem Feuer geschmort, ist das unverdaulichste, das es überhaupt gibt. Ich halte Rousseau für den verderblichen Zauberer der Illegitimität und für den unheilvollsten aller Jammerlappen. Seine geistige Veranlagung steht in diametralem Gegensatz zu der eines Velázquez oder eines Pierro della Francesca. Sie verhalten sich zueinander wie ein Teller Gekröse zu einem Dutzend Seeigel, die man, wie es sich gehört, sauber am Strand zubereitet. Den Träumereien dieses larmoyanten und rotznäsigen Verrückten setze ich – wie dem Pöbel den Diamanten – die *Abhandlung über die kubische Form* von Juan de Herrera, dem genialen Erbauer des Escorial, entgegen. Diese von Ramón Llull inspirierte Abhandlung erhebt sich bis zur Metaphysik der Würfel und Hyperkuben und ist der absolute Widerspruch zu dem sentimental-philosophischen Brei von Hans-

Jakob Rousseau, dem Antikubus. Um meiner Passion für die Legitimität Ausdruck zu verleihen, habe ich Juan Herrera dadurch gefeiert, daß ich seine Arbeiten aufgriff, um meinen *Corpus hypercubus* zu malen, der heute im Metropolitan Museum von New York hängt. Die Formen sind legitim, oder sie sind überhaupt nicht, was der ungeduldige Picasso nie einsehen wollte. Picasso stürmt wie ein Stier vor, aber er ist nicht Velázquez, der seine Bilder mit großen Pinselstrichen ausführte und dennoch einer prästabilierten Organisation, die dem Prinzip der Legitimität unterworfen ist, gehorchte. Er setzte in höchster Schnelligkeit Farbflecke, und diese schlossen sich zu vollendeter Linienführung zusammen. Manchmal, wenn er der Ansicht war, daß ein Bein, obwohl dieses zunächst noch mit nichts verbunden war, nicht an seinem Platz saß, nahm er den Zirkel und korrigierte. Von einer Leidenschaft zur Mathematik erfüllt und sich nach dem Goldenen Schnitt richtend, war er mit einem göttlichen Gefühl für die Vollkommenheit der künftigen Harmonien begabt. Picasso lehnt die Legitimität ab; er macht sich nicht die Mühe zu berichtigen, und seine Bilder bekommen immer mehr Beine, all seine überstürzten Reuehandlungen werden mit der Zeit sichtbar; er hat sich auf den Zufall verlassen; der Zufall rächt sich. Die Spanier sind die größten Skeptiker der Erde, die einzigen, die wirklich sehen müssen, um zu glauben. Für sie muß alles Inkarnation sein. Da sie von Geburt an nach Genauigkeit lechzen und zugleich Mystiker und Realisten sind, besitzen sie eine besonders starke Eignung für die Monarchie, die die lebendige Legitimität ist. Deshalb habe ich, da ich Picasso trotz allem für ein spanisches Genie halte, ungeachtet seiner Unvollkommenheiten gesagt: »Picasso ist Spanier, ich auch.

Picasso ist ein Genie, ich auch. Picasso ist Kommunist, ich auch nicht.«

Erhaben an der Erbmonarchie ist, daß sie ein Bild von der unerbittlichen Ordnung gibt, mit der die Natur das Leben weitergibt. Sie macht Gott und die genetische Aufeinanderfolge seiner Abkömmlinge auf dem Weg über eine erwählte Familie sicht- und greifbar. Man könnte keine ungewöhnlichere, in ihrem Grundsatz autoritärere und in den Auswirkungen surrealistischere Auffassung von der Regierung finden. Wenn man mich fragt: »Wen möchten Sie auf dem Thron sehen?«, erwidere ich: »Ganz gleich, wer es ist, wenn er nur legitim ist, wenn er nur wirklich aus dem Stand der Könige stammt, wenn ihn seine Gene mit der Familie von Gottes Gnaden verknüpfen. Ob Kretin oder Genie, böse oder tugendhaft, das ist gleich. Nur die Legitimität der Abstammung zählt, das Bild der Verknüpfung mit einer Ordnung, die in die göttliche Natur der Menschen und Dinge eingeschrieben ist, die Widerspiegelung des Strebens der menschlichen Seele zu ihrer eigenen Legitimität hin.«

Das Volk, das die lebendige Kraft bildet, ist die hochmütigste Klasse. Es gibt sich nicht damit zufrieden, daß es von einem gewöhnlichen Mann repräsentiert wird, der darüber auch noch dummstolz ist. Es gibt sich nicht damit zufrieden, von Männern regiert zu werden, die noch weniger lebendig sind als der gewöhnliche Mann: den Technikern. Man sagt aber diesem Volk, daß ihm das angemessen sei. Man versichert diesem Volk, die Zustimmung sei allgemein. Und jeder findet sich damit ab aus Furcht, gegen die Überzahl im Unrecht zu sein. Doch in Wirklichkeit sind alle unzufrieden. Es weiß nur keiner, daß die Unzufriedenheit das Allgemeine ist. Das ist die Wirkung der Propaganda, die über Schatten herrscht. Weckt die Individuen, dann weckt ihr die Monarchie.

Das monarchische Prinzip findet seine Rechtfertigung heute in der Biologie. Unter der Königskrone feierten unsere Vorfahren den göttlichen Willen, der drei Milliarden Jahre des Lebens auf dem Erdball hindurch fortbestanden hat. Die Wendeltreppe der Strukturen der Vererbung, die Watson und Crick aufgebaut haben, müßte das *Mandala* der Royalisten sein, wenn sie nicht in ihrer Unbildung, Rückständigkeit und wegen ihrer Scham zurückzustehen vom schlechten Gewissen gefoltert würden. Unter dem Druck der Naturwissenschaft werden wir die Monarchie wiederauftauchen sehen. Seit Jahren verkünde ich ihre Wiederkehr für das Abendland. Nichts ist monarchischer als ein Molekül der DNS. Es ist eine königliche Leiter. Jede Sprosse trägt genau in der legitimen Mitte eine Agraffe. Jede Sprosse folgt der andern in einer hierarchischen Ordnung, die nicht den geringsten Mangel duldet. In sechs Millionen Stufen, die wunderbar aneinander angepaßt sind, entscheidet, ordnet, prägt und erinnert sich diese erhabene Treppe mit einer faszinierenden Präzision. Kraftübertragung, Übertragung der Macht auf vollendete Weise. Synchronisiertes Prägen der Proteine. All das klickt, öffnet sich, schließt sich in verrückter Genauigkeit. Die Vererbung hängt von einem souveränen Mechanismus ab, und das Leben selbst ist das Ergebnis einer absoluten desoxyribonukleischen Regierung. Von der ersten bis zur letzten lebenden Zelle ist alles unausweichlich weitergegeben worden und wird noch immer weitergegeben. Alles ist berechnet, vorhergesehen, garantiert, kombiniert, damit das Überleben gesichert ist. Die monarchische Tradition liegt selbst dem Bild der Kontinuität des Seins noch zugrunde.

Bei einem Frühstück in New York sagte ich zu Watson: »Mein Bild *Die Beständigkeit der Erinnerung*, das ich 1931 gemalt habe, ist eine Vorherschau der DNS.« Meine weichen Uhren, Trägerinnen einer unvordenklichen und gallertartigen Zeit, waren nichts anderes als die besonderen, sogenannten schlafenden DNS, in denen die Erinnerung der ganzen Gattung bewahrt liegt. Timothy Leary, Vorkämpfer der Liga für innere Freiheit, behauptet, daß das gründlich studierte LSD-Erlebnis wie jedes mystische Erlebnis die Wirkung habe, diese schlafenden Stützen zu wecken, diese weichen Uhren in gewisser Hinsicht wieder aufzuziehen und so den Geist in Kontakt mit den urtümlichen Kräften zu bringen. Das verdiente untersucht zu werden, denn ich glaube, daß wir uns am Vorabend einer Renaissance der Mystik befinden, die uns zu einer Renaissance der Monarchie führen wird.

Häufig wird, wie ich höre, behauptet, daß die Macht endgültig in die Hände der Wissenschaftler und Techniker gelangen werde. Das ist eine lediglich eindimensionale Augenscheinlichkeit. Ich weise sie zurück. Ich glaube ganz und gar nicht an die Zukunft einer technokratischen Regierung. Je mehr diese sich in den Vordergrund zu drängen versucht, desto stärker wird der Druck der subjektiven Bestrebungen sein, und desto mehr wird sich das Irrationale ausdehnen. Eines baldigen Tages wird diese Gegenströmung die Oberhand gewinnen. Die Technokraten werden sich zu Hahnreien gemacht sehen, da sich die Maschinen nun ihrerseits an die Stelle der Technokraten setzen werden. Ein Elektronengehirn wäre leistungsfähiger als der Bürgermeister von New York. Eine Computer-Kette von IBM kann besser als die Ingenieure den Verkehr, besser als die Wirtschaftler das Finanzwesen regeln. Wenn die Maschinenmenschen sich selbst ohne Beschäftigung finden, werden die Menschen, jene ohne jeden Zusatz, fordern, daß sie von einem Geist repräsentiert werden, der anderswoher kommt als aus der mechanischen und utilitaristischen Welt, von einem Künstler, einem Denker, einem Magier oder wahrscheinlicher noch von einem Fürsten von Gottes Gnaden. In diesem Fall sehe ich durchaus eine Versöhnung zwischen Monarchie und Technik voraus. Auf dem Gipfel die absolute persönliche Macht des Königs, ausgeübt durch das legitimste Wesen, das vorhanden ist, den Nachkommen der ältesten verantwortlichen Familie, nach einer strengen Analyse seines Blutes ausgewählt. Es würde mir gar nicht mißfallen, wenn dieser Monarch sehr viel Hautgout hätte. Es ist durchaus passend, wenn ein König wie ein guter Käse ist: an der Grenze des Zerfließens – oder der Dekadenz. Als Halbkretin wäre er vollkommen. Nichts ist veredelnder, als sich aus bewußtem Respekt für die Legitimität einem degenerierten Fürsten zu unterwerfen. Er müßte allerdings von den besten Geistern umgeben sein. Für die wahnsinnigen Träumereien dieses Königs, für die Lüste seines ebenso intelligenten wie angefaulten Hofes, den taumelerregenden Wirbel aller Versuchungen, die Zusammenfassung des glühenden Lebens, würde die Technik nicht mehr strikt auf den Nutzeffekt angelegt sein. Schließlich würden die Maschinen, diese Fontänen der Leidenschaft, genutzt für die Ausschmückung und Beschleunigung kollektiver Delirien, riesiger Happenings, paroxystischer Feste, wie sie der geniale Charles Fourier erdachte. Und nur so würde die Technik gerettet,

die sonst verurteilt wäre, in einem riesigen Bauern-
aufstand der Völker zu verschwinden, weil sich
diese Völker in einer dem Nützlichen geweihten
Welt, die weit mehr einer Fabrik als einer menschlichen Behausung ähnelt, langweilen. Das Nützliche
soll verrecken! Es wird höchste Zeit, daß die Maschinen den Überfluß vergeistigen, Genuß, Traum und
Luxus verteilen, damit man endlich begreift, daß
es das Ideale ist, viele Passionen zu haben und
viele Möglichkeiten, sie zu befriedigen!

Ich sehe in der Einführung der Monarchie noch
einen weiteren wesentlichen Vorteil. Fuller träumt
von einer geodätischen Kuppel, die den Erdball
bedeckt. Hundert Millionen von Stromkreisen unter
dem Gewölbe in ständiger Vibration von Informationen, die mit solcher Geschwindigkeit zirkulieren,
daß jeder Mensch in jedem Augenblick von der Gesamtheit des gegenwärtigen Geschehens überflutet
wird. Das ist eine monarchische Vorstellung. Der
Hof unter der Kuppel des Königtums ist ein Wirbel
von Geräuschen, Intrigen, Geheimnissen, Klatsche-
reien. Die kleinste Affäre hallt wider in zahllosen
Unterhaltungen, Indiskretionen, Entstellungen,
Ausschmückungen, Dramen, Tragödien, Possen. Das
Echo verbreitet sich in alle Länder, wird ausgewalzt,
verzerrt, bald darauf in einen Archetyp verwandelt, der die Herzen, die Geister, die Geschlechter,
die Seelen mobil macht. Alle wissen alles! Eine
ständige Beschäftigung! Ein Spiel ohne Ende! Unter
dem »niedrigen Himmel« unserer Republiken hallt
nichts wider. Anonyme Stimmen flüstern. Der Ton
ist gedämpft. Unter der monarchischen Kuppel erhebt sich das kleinste Murmeln und wird verstärkt,
und die ganze Nation vernimmt das glühende Leben, wie man in der Muschel das Meer hört. Dann
kann man von Kollektivempfinden sprechen.

Und natürlich soll auch die Revolution leben! Denn alles dient nicht dazu, Geschichte zu machen, sondern uns aus der Geschichte, diesem Gefängnis des Geistes, herauszuholen. Die Tradition ist das Tor, durch das man der Geschichte entkommt. Es lebe die Revolution, die dieses Tor wieder öffnet, wenn es der Rost verschlossen hat! Die Traditionen im Glanz ihrer Bedeutung sind etwas Wunderbares und von großer Umsturzkraft. Im Lauf der Zeit verflüchtigt sich die Bedeutung zum Formalismus. Man muß alles unter Blut und Feuer setzen, um die jungfräuliche lebendige Tradition wiederzufinden.

Nachdem das gesagt ist, darf ich mich beglückwünschen, weil ich dem Wesen apolitisch bin. Es gibt Leute, die nicht klug genug sind, alle Ansichten auf einmal zu haben. Zu denen gehöre ich nicht. Mark Aurel notiert folgenden Ausspruch seines Lehrers Epiktet: »Grüne Weinbeere, reife Weinbeere, Rosine: alles ist Veränderung, nicht zum Nichtmehr-Sein, sondern um das zu werden, was noch nicht ist.« Am Ende seines Lebens schreibt der Kaiser, nachdem er neunzehn Jahre unter Schwierigkeiten regiert hat und sich immer noch im Kampf in Germanien befindet: »Heute bin ich aus aller Verlegenheit heraus, vielmehr habe ich alle Verlegenheit ausgetrieben, denn sie war bei mir nicht äußerlich, sondern innerlich; es waren meine Ansichten.«

Mein lieber Pujols wurde eingeladen, in der gleichen Woche zwei politische Vorträge zu halten. Im ersten Vortrag brachte er eine Verherrlichung der Monarchie. Im zweiten sang er das Loblied der Republik. Respektvoll erlaubte sich ein Freund, auf diesen leidigen Widerspruch hinzuweisen.

»Ach«, sagte Pujols, »mein lieber Herr, das liegt daran, daß ich in diesen Dingen hin und her gehe...«

Gott und die Engel

Warum ich, obwohl ich nicht an die Realität meines Lebens und der Welt glaube, doch an die Wirklichkeit Gottes glaube – Die höchste Schönheit, das Sperma, die Engel – Gott, der Gierige – Die Menschen legen keinen Wert mehr auf das Dasein – Wir sind ohne Substanz, Gott ist Substanz – Gott als Person – Gott hat ein menschliches Antlitz – Fotografie Gottes.

Mein Leben ist von einer solchen Vollkommenheit, meine Begierden verwirklichen sich in solcher Harmonie, daß es mir schwer wird, an die Existenz einer objektiven und realen Welt zu glauben. Ich lebe einen Traum. Calderón de la Barca fragt nach dieser trügerischen Welt. Mir, der ich eine Vorliebe für den Betrug und den Verrat habe, gefällt der Ausdruck. Ich habe mein Leben damit begonnen, daß ich meine Klasse, die Bourgeoisie, verraten habe, um mich in den Dienst der Aristokratie zu begeben, und ich genieße es, die moderne Kunst zum Hahnrei zu machen. An die Welt zu glauben, sagt Calderón, ist Verräterei. Dort ist nichts wahr, nichts falsch, und nicht das, was wir betrachten, zählt; es ist der Kristall, durch den wir blicken. Was ist das Leben? fragt er noch einmal. Eine Raserei, ein Betrug, eine Fiktion. Ich weiß nicht, ob ich wahrhaft existiere. Meine Launen, meine Taten, meine Freuden, die Folge meiner Tage sind ein Zusammenschmelzen von traumhafter Unwirklichkeit. Da ich jedoch ein monumentaler Realist, ein Daseinswütiger bin, möchte ich um jeden Preis glauben, daß es sich nicht um einen Traum handelt. Aber das ist unmöglich. Ich zweifle an den handfestesten Beweisen. Die ganz einfachen Dinge erscheinen mir als sehr fremdartig. So kenne ich die Bahnhöfe von Figueras und von Perpignan. Könnte es sein, daß es auch in China Bahnhöfe gibt? Könnte es sein, daß all diese Schalter, diese Züge, diese Leute, die kommen und gehen, die Zeitschriften und Flaschen Bier kaufen, dort gleichzeitig existieren? Sollte das nicht eine Erfindung meines Geistes sein? Müßte es nicht irgendeinen Apparat geben, der mir beweist, daß die Welt außerhalb der meinen besteht, die schon so fließend und ungewiß ist?

Wo ist das Reale? Alle Erscheinung ist trügerisch, das oberflächlich Sichtbare nur Täuschung. Ich betrachte meine Hand, die bereits so viel Schönheit und Gold erzeugt hat. Es sind Nerven, Muskeln, Knochen. Forschen wir weiter: es sind Moleküle und Säuren. Noch weiter: es ist ein unfaßbarer Walzer von Elektronen und Neutronen. Und noch weiter: eine unsichtbare Wolke, der Schatten einer Welle, immateriell und nebelhaft. Wer beweist mir, daß meine Hand da ist? Für einen Künstler der Renaissance war die Materie beständig. Für uns ist sie nicht nur unbeständig, sondern auch illusorisch. Wenig Wirklichkeit der Dinge und meines Ichs! Je mehr göttlichen Instinkt eine Seele enthält, desto größer ist ihr Mißverhältnis zur Welt. Das, was ich als moderner Mensch weiß, verstärkt dieses Mißverhältnis noch. Deshalb verkünde ich die Rückkehr zu der traditionellen Gottesauffassung. Da ich so vernarrt in das Reale bin, wäre das einzige, was mich zur Anbetung einladen könnte, die Substanz. Aber wo ist die Substanz? Wenn sie nicht der Natur angehört, könnte sie nur Gott zustehen. In diesem ganzen trügerischen Universum wäre die einzige kompakte, nicht zu zergliedernde Substanz Gott. In einer Realität, die sich ständig, während man sie betrachtet, verteilt, die sich zwischen unsern Fingern verflüchtigt, wäre die einzig wirklich materielle Materie, die einzig substantielle Substanz Gott. Da ich

eine Wolke bin, die in einem Universum von Wolken
segelt und verzweifelt nach etwas Festem ruft, muß
ich unbedingt Gott berühren, den einzigen Fels in
diesem ungeheuren Watteozean. Das ist die mystische Schau aller Zeiten und nur um so mehr der
unseren. In seinen Ekstasen nähert sich der Mystiker
konsubstantiell dem, was einzig und allein Sein besitzt, der einzig real existierenden Materie. Ich
weiß, was das bedeutet. Ich begreife es im Orgasmus, in den höchsten Augenblicken mit Gala, wo
ich auf dem Gipfel eines erschütternden Zitterns
die Realität eins und unteilbar werden spüre. Ich
begreife es auch noch in der Schönheit, die mich an
die Engel glauben läßt. Immer stärker führt mich
meine Erotik den unendlich schönen, geschlechtslo-
sen Wesen entgegen. Das, was in mir, in meinem
ganzen Körper bebt, kann nur das präekstatische
Bewußtsein einer engelhaften Natur sein. Es ist
nichts Menschliches mehr, was mich erregt, und es
ist nicht mein Geschlecht, was entflammt. Ich suche
die Erscheinung, die mir unmittelbar den Orgasmus
verschaffen würde, einen göttlichen Orgasmus, der
mir die Gewißheit bringt, daß die Substanz existiert, daß das Frohlocken tatsächlich von einer
höheren Wirklichkeit hervorgerufen wird, daß mein
Sperma wie mein Gold Produkte der Transmuta-
tion sind.

Gott hat ohne übertriebene Überzeugung geschaffen. Er mußte etwas tun. Er hätte ebensogut singen
oder tanzen können. Wir dürfen nicht überrascht
sein, wenn wir in ihm eine Persönlichkeit fern aller
Moral, ohne Richtung und Ziel entdecken, zerstreut
mit einem grundlosen Akt beschäftigt. Er macht die
Welt und die Geschöpfe. Man spürt die Fehler und
die Retuschen. Er löscht aus, gibt einen Weg auf,

versucht es in anderer Richtung, streicht Arten durch und erfindet andere, wirr, aufs Geratewohl, so wie man seinen Bleistift übers Papier spielen läßt, ohne klaren Plan. Da ist der Mensch. Ein außerordentlicher Erfolg. Gewiß, nicht vollkommen, aber es fehlen nur wenige Dinge zu einem Meisterwerk. Nur daß sich Gott Ärger geschaffen hat. Einige Dummheiten müssen da unbedingt in Ordnung gebracht werden. Vor dem Menschen hatte er die Engel erfunden. Hingerissen, von einer Art Gier des Schaffens gepackt, hatte er viel zu viele auf einen Schlag gemacht. Pujols hat die Berechnungen angestellt. Gott hätte diese ungeheure Menge von Engeln schon schaffen können, aber nicht so rasch. Das wurde eine gefährliche Aufwallung. Es gab Zusammenballungen von Licht, die Gott in einer Art von lyrischer Ahnungslosigkeit hervorbrachte. Und nun drohten die in allzu großer Zahl aufgetauchten Engel die Schöpfung durch ihre Intensität aus dem Gleichgewicht zu bringen. Gott beherrschte die Situation nicht mehr. Er mußte den Menschen Boten schicken, um die Geschichte einigermaßen wieder in Ordnung zu bringen: Zoroaster, Mohammed, Buddha, Christus. Aber Gott versteht es nicht, sich um die Einzelheiten zu kümmern und das Notwendige mit peinlicher Genauigkeit zu tun. Er repariert überstürzt, er bastelt. Außerdem ist er kein guter Fachmann in Religion. Er ist übrigens für kein Fach Spezialist. Er ist auch nicht intelligent. Ein höchster Schöpfer hält sich nicht bei so einer Kleinigkeit wie der Intelligenz auf. Aber der Mensch, der ist intelligent, und er beschäftigt sich damit, das herauszufinden, woran Gott niemals gedacht hat; er fängt an, Gott dessen eigene Schöpfung zu erklären, das System zu verdeutlichen. Selbst wenn sie nur sehr mittelmäßig sind, geben

die Menschen zusammengenommen der Erde doch
ein sehr viel feineres Gehirn, als es Gott besitzt,
und vielleicht finden wir einmal eine bessere Art
und Weise, das Gewicht der Engel auszubalancieren.
Aber wir werden es bestimmt sehr teuer bezahlen
müssen. Wir müssen eine tragische Zeit durchschrei-
ten. Wir müssen einen blutigen Aufstand durch-
machen. Sehr bald. Dafür spricht, daß die modernen Menschen keinen Wert darauf legen zu leben.
Die Menschheit geht durch die Phase der dunklen
Nacht. Das Leben versetzt die Leute nicht mehr in
Erstaunen. Sagt man ihnen, daß die Wissenschaft
es um dreißig bis fünfzig Jahre verlängern könnte,
dann setzen sie, das kann man immer wieder beobachten, eine Leichenbittermiene auf. »Nein, nein,
vielen Dank, das, was wir erlebt haben, reicht uns
durchaus.« An der Art, wie sie ihre Wagen fahren,
sieht man deutlich, daß der Abgrund sie anzieht.
Ich beobachte sie hier in Cadaques. Die Muße versetzt sie in Angst. Sie kommen im Urlaub hierher,
um wie die Hunde zu leiden. Sie meinen, sie seien
verpflichtet, sich durch physische Anstrengungen
umzubringen. Sie legen ihr Dasein in die Hände
von Wärtern eines bescheidenen Konzentrations-
lagers. Ohne erotische Glut setzen sie Kinder von
grauer Gesichtsfarbe in die Welt, die dauernd grei-
nen. Nach fünfzig Jahren eines solchen verdamm-
ten Lebens bitten sie um Gnade. Nein, das irdische
Leben erfüllt sie nicht mit Leidenschaft. Sie wollen
es auf dem Boden des Meeres, im Kosmos oder in
bombardierten Höhlen vergessen. Da sie weder die
Erde noch sich selber bewohnen, suchen sie frene-
tisch die Entfremdung, etwa so, wie man sich im
Exil betrinkt. Es müssen Schmerz und Blut kommen, damit sie die spirituelle Dichte wiederfinden
und der Schöpfung helfen. Das Mittelalter suchte das

Gespräch mit den Engeln. Wir werden ein neues Mittelalter haben, verschönert von der modernen Wissenschaft und Intelligenz, nachdem wir in einer Katastrophe die Müdigkeit des Lebens und Liebens durch den Ausguß gespült haben.

Die Engel sind das geflügelte Fahrzeug, das zu Gott führt. Die Mystiker sehen die Engel, ehe sie Gott finden. Es mag sein, daß die Enthaltsamkeit dabei hilft. Das Sperma besitzt engelhafte Kräfte, weil es das Behältnis der nicht empfangenen Wesen ist. Was nicht menschlich ist, es aber werden könnte, sammelt sich im angelischen Bezirk. Der Engel ist dem Wesen nach der Nichtoffenbarte und der Macht nach der Offenbarte. Zwischen Gott und dem Menschen steht der Engel. Wenn wir in einer Bewußtseinsekstase seine ätherische Bewegung, seinen himmlischen Rhythmus, seine Buntheit, sein Strahlen wahrnehmen können, sind wir auf dem Weg zu Gott. »Mit dem engelhaften Auge«, sagt Henry Miller, »sieht der Mensch die Welt der wahren Substanz.« Und die Welt der wahren Substanz, das ist Gott.

Sie haben gewiß bemerkt, daß die neuen Theologen, die Gott durch die Idee von Gott ersetzen, nördliche Pastoren sind. Sie reduzieren Gott zu einem Nichts: einer Anwandlung im Menschen, einer intellektuellen Abstraktion, um sich dem modernen Denken anzupassen. Sie machen ihn so platt wie möglich, damit sie ihn den Materialisten unter der Tür durchschieben können. Diese Abstrakteure der Quintessenz, diese Arbeiter des Unbestimmten gehören in die Länder des Nebels. Jean Cocteau sagte, als er von der mittelmeerischen Seele sprach: »Das Rätsel herrscht bei uns ebenso wie im Norden, aber es ist vernarrt in Konturen, in Linien und

bereit, eine Form für das Formlose zu finden, die
Abstraktionen gegenständlich zu machen, das Wort
nicht in den Dienst der Ideen zu stellen, sondern
das Denken aus dem Wort entstehen zu lassen.«
Aus meinem Blut, aus meiner Seele heraus lehne ich
die Abstraktionen und Wahnbilder ab, wenn ich
Gott beschwöre. Ich bekenne feierlich, daß Gott
ein Wesen ist, das gar nicht anthropomorpher sein
könnte. Gott ist eine Person. Gott ist ein Mann von
erhabener Schönheit und genau einen Meter groß.
Auf diese Größe werde ich noch näher eingehen.
Es ist nicht anzunehmen, daß er einen radikal-
sozialistischen Bart hat. Lassen Sie den Bart also
weg. Aber mit Bart oder ohne, mein Gott erregt
Anstoß bei den Leuten. »Mindestens kommen Sie
damit zu spät«, sagen sie mir. »Ein anthropomorpher Gott paßt nicht ins 20. Jahrhundert.« Meine
Ansicht erscheint ihnen deplaciert. Aber im Hinblick auf die Sonne der Tradition sind wir die
Deplacierten. Gott als abstraktes Prinzip, das ist
das Ende unseres Glaubens. Zur Not könnten wir
als Gestalt der Gottheit eine mathematische Formel
oder tausend Seiten deutsche Philosophie anerkennen. Mit einem Wort, ein Gott, ebensowenig sub-
stantiell wie wir selber, ein Gott nach unserm Bild,
das ist eine verschwommene Vorstellung, ein Traum,
eine Täuschung, Leere. Das verstehe ich nicht. Gott
ist eine Person, wir nicht. Gott ist keine zerstreute
Größe, ein Bild des Geistes. Gott ist keine alpha-
Welle. Gott ist kein intrauterines Phantasma. Gott
ist kein pi-Meson. Gott ist eine Persönlichkeit mit
menschlichem Antlitz. Aber aufgepaßt! Gott ist beständig, während wir es nicht sind. Wir sind ähn-
lich wie der Stuhl Eddingtons, der in Wirklichkeit
gar kein Stuhl, sondern ein Mückenschwarm ist.
Wir sind eine Wolke von Mücken-Korpuskeln ohne

Kontakt untereinander. Der leere Raum zwischen den ungreifbaren Körnchen, die uns bilden – oder richtiger: so tun, als ob sie uns bildeten –, ist erheblich. Aus winzigen Flocken bestehend, existieren wir nur punktiert. Gott dagegen ist dicht, gesammelt, kompakt, aus zusammengepreßter Materie gebildet, wahrhaft materielle Materie. Gott ist ein Nukleus von meisterlicher, unvorstellbarer Dichte; auf diese einzigartige Weise würde eine menschliche Gestalt von einem Meter Größe die Gesamtheit der Energien des Weltalls enthalten. Die Suche nach dem Metermaßstab – darüber nachzudenken ist märchenhaft – mitten in der Französischen Revolution wurde zur unbewußten Projektion des Maßes Gottes.

Dennoch kann ich mir infolge eines Widerspruchs der Logik, der die Hyperlogik begründet, diesen unermeßlich verdichteten Nukleus nicht anders vorstellen als unermeßlich im Universum ausgebreitet. Gott ist Einer und gleichzeitig in Milliarden von Milliarden kleiner Stückchen in der Schöpfung unendlich verteilt. Er ist in sich selbst unbeweglich und in jedem Augenblick überall gegenwärtig – unendliche Teilung und unendliche Einheit. Ich glaube nicht, daß sich die Realität überall im gleichen Augenblick befinden kann, Gott dagegen kann es. Deshalb rufe ich ständig: »Paßt auf die Auferstehung des Fleisches auf! Wir dürfen die Leichen nicht verstreuen.« Im Mittelalter sammelte man, nachdem die Leichen am Verwesungsort gewesen waren, sorgsam alle übriggebliebenen Reste: Nägel, Knochen, Haare, Zähne. Man legte sie in der rechten Ordnung ins Grab, wo sie auf das Jüngste Gericht warten sollten, das nicht die Rückkehr zur menschlichen Nichtsubstanz, sondern die Erhebung bis zur absoluten Substanz Gottes sein wird.

Es kann geschehen, daß ein Haar, eine Wimper Gottes auf wunderbare Weise in den Schmelztiegel des Forschers fällt. Für Gott ist es nichts anderes als ein ausgefallenes Haar. Für die Menschen ist es die bestürzende Erscheinung des Steins der Weisen. Und dennoch ist dieses isolierte Kondensat noch nicht die letzte Substanz, das wahre Fleisch. Gott kann nicht erscheinen, er kann sich nur ersehnen lassen. In uns ist die Begierde nach Gott Gott und trotzdem nur seine Widerspiegelung. Ein Engel fliegt vorüber.

Ich habe Pauwels versprochen, Gott zu fotografieren. Ich will auf dem Film das Bild eines wunderbaren Menschen festhalten, der genau die Größe des Meterstabes hat. Das würde als eine neue närrische Verrücktheit betrachtet werden und wäre doch ein Bekenntnis des reinsten Glaubens in der tiefsten spirituellen Tradition des Mittelalters. Ich möchte meine Schau durch einen intensiv realistischen Akt ausdrücken. Unamuno hat es ein für allemal gesagt: Der Realismus ist der Zusammenhalt des Mystizismus.

Der Bahnhof von Perpignan

Die Ängste und die Wut des Oktobers – Wo ich im Bahnhof von Perpignan der Expedition des mißlungenen Meisterwerks beiwohne – Die Explosion der Hellsichtigkeit und die Überbeweglichkeit des Geistes – Wie ich das Medium der Wespen entdeckte – Die Fliegen von Boulou – Hat jeder von uns seinen Bahnhof von Perpignan? – Forschungen über einen bevorzugten Ort – Illuminationen des Bahnhofplatzes – Ein Triumph meiner Methode – Das stumme Buch der Alchimisten.

In dieser erhabenen Landschaft, die allein Leonardo da Vinci hätte konzipieren können, an dieser heiligen Bucht, die Askese erzeugt und die Seele auf Metamorphosen vorbereitet, an den Vormittagen rauher Heiterkeit und den Abenden von morbidem Frieden sind die Oktobertage die herrlichsten. Da wir niemals satt werden, dieses Zentrum der Welt zu betrachten, sagt Gala: »Du hast das ganze Frühjahr, den ganzen Sommer gearbeitet. Dein Bild ist fast fertig. Komm, wir nehmen das Boot, fischen und essen am Meer die schweren Seeigel des Herbstes.« An der Kreuzung der katalanischen Winde, die die Felsen zu Erzskulpturen gemacht haben, auf dem Kap Creus, errichteten die Griechen einen Tempel, der Aphrodite geweiht, der Göttin mit dem vielgestaltigen Gefolge: Eros oder Amor, Peitho oder Überredung, Himeros oder Begehren, Nymphen, Horen, Tritonen, Nereiden, und ich streife über dem Meer dahin, das bisweilen unbeweglich wie der Tod daliegt, an den Antennen und Ungeheuern aus Stein entlang, als ob ich durch mein eigenes Inneres wanderte. Zwischen den Felsen schlitzen wir die Seeigel auf und zünden Reisigfeuer an, um die Muscheln zu öffnen. Es gibt keinen köst-

licheren Genuß. Doch schon in dem Augenblick, als
Gala mich dazu einlädt, begreife ich, daß die verhängnisvolle Stunde gekommen ist, daß mir mein
Bild, endgültig mißlungen, aus den Fingern genommen wird. Seit Monaten schon wollte ich meine
geniale Schau vor dem Unheil retten, doch es ist zu
spät. Und wenn ich noch zehn Jahre daran arbeiten wollte, jeder Tag würde es schlimmer machen.
Wieder ein Meisterwerk unwiderruflich vernichtet!
Ein anderer würde dabei niedergeschlagen und me-
lancholisch sein, doch ich verwandele diese Stim-
mungen sofort in eine so leidenschaftliche Wut, daß
sie zu reiner Energie und damit zu Freude wird.
Ich gerate in eine rasende Labilität; es drängt mich,
das Atelier zu verlassen, es drängt mich, wieder
hineinzugehen. Fahren wir rasch, um das Nichtstun
zu genießen, kehren wir rasch zurück, um eine
höchste Anstrengung zu versuchen. Das Boot fährt
zwischen dem Horizont und dem Haus hin und her.
Gala, die Geliebte, Mutter und Schwester, versucht
mich zu beruhigen. »Du bist groß. Du bist der
Größte. Ein Zoll von deiner Leinwand enthält mehr
als die ganze moderne Malerei. Der kleinste deiner
Pinselstriche ist ein ganzes Geflecht.« Sie überzeugt
mich nicht, aber während ich ihr zuhöre, genieße ich
die Vorstellung, daß das, was ich gemacht habe,
keine völlige Katastrophe ist. So verstreichen
– oder vielmehr sieden – die letzten Tage. Wir
wollen wieder nach Paris fahren und von dort nach
New York. Es ist aus. Ich kann nichts mehr versuchen. In unserm monumentalen und uralten Ca-
dillac fahren wir langsam und in gastronomischen
Etappen nach Paris zu unserer Wohnung im Hotel
Meurice. Doch zuerst müssen wir zum Bahnhof von
Perpignan, wo mein Bild expediert wird, eingehüllt,
in einen Käfig gesteckt wie ein Reliquienschrein.

Zwei, drei Stunden verbringen wir im Bahnhof von Perpignan. Gala kümmert sich um das Bild, um den Beförderungsweg, die Versicherungen, gibt Kisten auf, unterschreibt, bestätigt, zeichnet gegen, kontrolliert alles noch einmal, regt sich auf. Ich warte allein in der Halle, ertappt von den Leuten, die vorbeigehen, sich umdrehen, zurückkommen, sich versammeln, mich anstarren. Es müßte der prosaischste Augenblick meines Lebens sein. Ich habe mir völlige Leere gelobt. Kein Genie mehr. Laß dich gehen! Stell dir die Gerichte vor, die du in Valence, in Saulieu bestellen wirst, träum von den erotischen Festen, die du in Paris veranstalten wirst. Der Bahnhof riecht nach Rauch, nach harten Eiern und nach Leim. Ich sitze auf einer jämmerlichen Bank. Dennoch steigt in mir eine Art intellektuelle Euphorie, eine Trunkenheit des Denkens auf. Und jäh erscheint mir mit ungeheurer Klarheit das Bild, das ich hätte malen müssen. Ich habe gefunden, was ich den ganzen Sommer lang gesucht habe, dazu die selbstverständlichen Details in großer Fülle. Gleichzeitig gerät der Geist in einen Zustand äußerster Intensität und Hypererregtheit. Ich empfinde einen wirklich seraphischen Genuß. In Cadaques, wo ich ständig von einer faustischen Begierde nach Erkenntnis und Schaffen verfolgt werde, kenne ich kein Vergnügen. Ich lebe in ständiger Wachheit und Ungeduld, laufe von einem Buch zu einer Idee, von einem Gegenstand zu einer Erfindung, von einer Zeichnung zu einer Skulptur. »Bleib doch einmal sitzen!« fleht Gala. »Bleib still, sieh dir wenigstens diesen wunderbaren Sonnenuntergang an!« Aber nein, nie habe ich Zeit zu einer ruhigen Betrachtung, ich laufe herum, ich drehe mich hin und her. Und hier in dieser Bahnhofsvorhalle, von Blicken eingekreist, ohne Beschäftigung, entdecke ich, ohne mich zu bewegen, das Vergnügen. Eine absolute Lust, eine Apotheose, begleitet von einer sturzbachhaften Ejakulation von Ideen. In höchstem Frohlocken kaufe ich am Kiosk eine Menge Bücher im Kleinformat. Ich lese vor allem populärwissenschaftliche Werke, doch nie nur ein einziges Buch auf einmal. Ich brauche immer fünf, sechs gleichzeitig, und ich springe von einer Seite zur andern, brumme, speichle und schaffe mir auf diese Weise eine Stickerei von Ideen, ein Moiré von Informationen und Suggestionen. Das ist meine Beute für die erste Nacht im Hotel. Ich werde sie verschlingen, wenn ich ins Bett gehe, vollgestopft mit Gänseleber, Krebsen und Fleischklößchen, nach einer Orgie des Schmausens, über die ich jedesmal selbst staune, weil ich mittlerweile vergessen hatte, wie gern ich esse. Während ich warte, blättre ich auf meiner Bahnhofsbank; die Intelligenz gleicht einem Flug von Pfeilen. Seit zwölf Jahren erlebe ich nun in dieser Halle das gleiche Phänomen einer gargantuesken geistigen Heiterkeit, übermenschlicher Klarheit, das sich jedesmal wiederholt. Zum Beispiel habe ich im Bahnhof von Perpignan das Medium der Wespen entdeckt. Als ich eine Seite überfliege, lese ich, daß eine chemische Flüssigkeit, Diffusionsfaktor genannt, bei der Staroperation benutzt wird, weil sie es erlaubt, eine winzige Menge eines Betäubungsmittels ins Auge zu bringen. Dieser Diffusionsfaktor liegt dem Wespengift zugrunde. Sofort erinnere ich mich, daß mir früher, als ich noch im Freien malte, regelmäßig zwischen elf und zwölf Uhr eine Wespe auf die Palette fiel. Ich fürchtete, daß sie mir das Öl polymerisiere. Eines Tages ließ ich eine im Ölnapf, bis sie sich dort zersetzte, und dann bemerkte ich, daß die Verschmelzung der Pigmente auf der Leinwand wie durch Zauberei vor sich ging. Diese Erinnerung steigt jetzt ganz deutlich wieder herauf; die Verbindungen wirken sich aus. Das muß es sein! In New York angekommen, stürzte ich zu einem meiner Freunde, einem Biologen, der schwer erkrankt war. Läßt sich dieser Diffusionsfaktor in der Malerei benutzen? »Gewiß«, erwiderte er, »wenn Sie ihn in einem sehr feinen Öl auflösen, erhalten Sie das beste Kohäsionsmittel.« Bevor er starb, bereitete mir dieser Gelehrte noch acht Flaschen mit Wespen und Skorpionen zu, und diese Flüssigkeit ist bestimmt das beste Medium, eine der kostbarsten Geheimtechniken der Malerei. Ich erzähle das hier, um einen Eindruck von der Schnelligkeit und der Wirksamkeit der Vergleiche, Zusammenhänge, Intuitionen zu geben, die sich meinem Geist an diesem scheinbar so alltäglichen Ort aufdrängen. Allerdings funktioniert dieses ganze Grenzgebiet ausgezeichnet als Akzelerator meines Denkens. In Le Boulou habe ich die Quantenbiologie entdeckt, wie ich sie nenne. Wir hatten uns in eine kleine feuchte Bar gesetzt. Ich war wie immer auf diesem Rückweg zum Zögern geneigt. Ich betrachtete einen Fliegenschwarm über dem Tisch. Die Fliegen jenes Gebiets sind grau wie Holzasche, sauber und entzückend. Und schon verspürte ich wieder diese Beschleunigung der Intelligenz, die ihren Höhepunkt im Bahnhof von Perpignan hatte und dann bis Lyon allmählich geringer wurde. In einem Zustand unklarer Erwartung, der akuter und schließlich ultraakut wurde, verfolgte ich diese harmonische Gravitation. Im Innern der dichten Wolke war das Gleichgewicht vollkommen. Keins dieser anmutigen Insekten streifte in seinem übereiligen Tanz das andere. Ich wußte, daß dies das Bild der Materie selber war, der Halo von Partikeln, von denen jede ihren Platz in einem raschen Ballett einnahm, einem Ballett, dessen Bewegung wir kennen, ohne etwas von ihren Ursachen zu wissen, einer ungeheuren Energie, die sich genau mit dem identifiziert, was, wie wir vermuten, die besondere Form dieses Stoffes ist. Jedes Elektron läuft in hoher Geschwindigkeit auf seiner Bahn und kreuzt sich mit zahlreichen andern, den Kraftfeldern entsprechend, die ebensoviel Realität besitzen wie die Materie und ihre Bewegung. Wenn es geschähe, daß eine Fliege an ihre Nachbarin stieße, dann würde sich etwas in der gesamten Masse verändern, ein Zerfall des Ganzen würde eintreten, und der Raum erlitte Verzerrungen in Form von Blütenblättern. Ich zeichnete im Geist eine Figur, von der ich später erfahren sollte, daß sie dem von Niels Bohr ersonnenen Atommodell entsprach. In einer hellsichtigen Ekstase verstand ich die Diskontinuität der Materie; ich verstand, daß die Partikeln selbst von einer Libido beseelt sind. Ich begriff die Gesetze des höchsten Spiels, das auf der andern Seite des bloß Sichtbaren stattfindet. Ich vernahm, wie das unergründliche Lied der Natur in zahlreichen Oktavverdoppelungen aufstieg. Wenn ich sage, daß diese Gegend für mich eine veritable Maschine zur Erzeugung der Wahrheit ist, dann frage ich mich, ob sie es nicht für alle Menschen von Urzeiten her ist. Und insbesondere möchte ich, daß man mir erklärt, wie es kommt, daß es dort ein ganz ungewöhnliches Felsgemälde gibt, das eine vieltausendmal vergrößerte Fliege darstellt.

Nach Jahren der Erleuchtung im Bahnhof von Perpignan stieg mir ein Argwohn auf. Jedesmal packte mich das Entzücken stärker. Heute bedürfte es der Fäuste von einem guten Dutzend Indianer, um meinen Druck im Zaum zu halten, den Pfropfen

herunterzupressen und zu verhindern, daß der dalinische Champagner bis an das Glasdach dieses
Bahnhofs spritzt. Zuerst versuchte ich es mit einer
banalen Überlegung. Mein Geist hat sechs Monate
lang unter Spannung gestanden. Ich habe ein
Meisterwerk verwirklichen wollen, ich bin geschei-
tert – um so schlimmer. Jähe Befreiung von der
Spannung und klarer Blick, wenn es zu spät ist.
Geistige Entdeckungen der Treppe, bekannte Sache.
Im Hinblick auf die großen Intuitionen, die folgen,
sind zwei Bemerkungen am Platz. Die erste lautet,
daß das Unbewußte insgeheim speichert und einen
Augenblick der Unaufmerksamkeit, des Nachlas-
sens des Bewußtseins benutzt, um seinen Schatz
freizugeben. Die zweite lautet, daß einem die genialen Einfälle nicht vor dem Parthenon, der
Venus von Milo, der Bucht von Neapel oder den
Niagarafällen kommen, sondern daß sie an unbedeutenden Orten hervorsprühen: einem Boulevard, in der Straßenbahn, in einem Badezimmer.
Aber vielleicht gibt es besondere Strukturen des
Unbedeutenden, die das Zutagetreten von Einfäl-
len erleichtern, und in diesem Fall bietet mein
Bahnhof Merkmale, die er mit diesem Hotelzimmer, jener Straße, diesem Abteil der Straßenbahn
gemeinsam hat, wo der Geist anderer bereits Erleuchtungen gehabt hat. Jeder von uns hat seinen
Bahnhof von Perpignan. Diese beruhigenden Überlegungen befriedigten mich jedoch nicht. Als vor
vier Jahren die Symptome auf dem Weg akuter
wurden und die Wallung ihren Gipfel bei der Ankunft erreichte, machte ich es wie Stendhal in Sankt
Peter zu Rom: ich entschloß mich, die Dinge ob-
jektiv zu betrachten und Messungen vorzunehmen.
Ich winkte eine Taxe heran und bat den Chauffeur,
mich langsam um den Bahnhof herumzufahren.

Ich kam auf dem Platz bei Sonnenuntergang an, in aller Herrlichkeit. Ein Licht von Feuersbrünsten, eigelb und goldrot, drang durch das ganze Gebäude, sprang durch die in Flammen stehenden Glasscheiben zurück, ergoß sich über alle Fassaden rings umher, ließ die Fenster des Hôtel de l'Europe auflodern. Als ich die Augen in diesem blendenden Feuer hob, sah ich, daß die elektrischen Fahrdrähte der Straßenbahn über dem Platz einen vollkommenen Kreis beschrieben, um den Umlauf der Wagen zu ermöglichen, ehe diese auf den Boulevard zurückfuhren. So schmückte sich dieses von königlichem Licht durchdrungene Glasdach am Himmel mit einer knisternden Monarchenkrone, und als ich diese Fahrdrähte bemerkte, wurde ich von etwas wie einer Ekstase ergriffen, die von einer Erektion begleitet war. Die ganze Erleuchtung wurde in meinem Innern geboren und pflanzte sich durch die Eingeweide fort, und in diesem für die Gegenwart einer Wahrheit symptomatischen Zustand begriff ich, daß ich einem Modell des Weltalls nachsann. Ich erblickte die Riemannsche Geometrie des gekrümmten Raums in ihrer ganzen Wirklichkeit. Ich erfaßte mit all meinen Organen, daß nach der allgemeinen Relativitätslehre all das, was aus dem Unendlichen kommt, eine Schleife bilden und im Bahnhof von Perpignan eintreffen kann. Ich arbeitete mit Einstein zusammen. Ich empfand die Krümmung des Raums durch die Trägheit der Materie. Und ich hatte noch eine andere Offenbarung. Es ist noch zu keiner objektiven Beobachtung gekommen, die die rein mathematische Diskussion über die Struktur des Weltalls schlichtet, und weder die Physiker noch die Astronomen vermögen zu sagen, ob der Raum offen oder geschlossen, sphärisch, eben oder gar hyperbolisch, begrenzt oder unbegrenzt

ist. Ich gewann die Gewißheit, daß das Universum
begrenzt ist, jedoch nur auf einer einzigen Seite.
Meine Kenntnisse gestatten mir nicht, die Sprache
für diese Schau zu finden, in der mir die andern
Grenzen erschienen; sie werden aber in dieser einen
Seite zusammengefaßt, die auch die Achse der Ewigkeit ist. Ich gelangte über den großen Brahma selbst
hinaus, der dem allzu neugierigen Jünger Buddhas
erschien, um ihm zu sagen: »Ich weiß wahrhaftig
nicht, wo das Universum sein Ende hat.« Ich sah,
daß es zwischen der transparenten Fassade des
Bahnhofs von Perpignan und der göttlich vollkommenen Kurve der Fahrdrähte der Straßenbahn
begann und endete. Ich sah, daß es keine Ausnahme
von der Erhaltung der Energie gibt und daß die
Vorstellung von der andauernden Schöpfung in
einem in Ausdehnung begriffenen Weltall ein Irrtum von Fred Hoyle ist. Ich begreife, daß die an-
dauernde Ausdehnung weniger eine Realität als eine
Eigenschaft des nichteuklidischen Raums ist, der
selbst auf einer Seite in dem Punkt begrenzt ist, wo
er an ein zweites Universum stößt, das Geist ist. Es
ist leichter, sich das Unendliche vorzustellen, als
Grenzen des Weltalls zu ersinnen, und ich erfaßte,
daß dieses Weltall, wenn es nicht begrenzt wäre,
überhaupt nicht vorhanden sein könnte. Schließlich
nahm ich in der Feuersbrunst des Sonnenuntergangs
die Dialektik des Ewigen und des Vergänglichen
wahr. Das quadratische Bahnhofsgebäude mit seiner Uhr am Frontgiebel wurde vom Licht und der
Bewegung des Rauchs durchbohrt, wurde aber dennoch von Zügen programmiert und erschien im
Querschnitt als Bild des Regungslosen, der ständig
durchbohrten, geprüften, durchdrungenen Statik. Die
Drähte am Himmel, zunächst geradlinig die Straße
entlang, zeichneten vor dieser Fassade die ideale

Kurve, das Bild des dynamisierenden Prinzips in seiner Ewigkeitsvollendung. Ich begriff die Atome und die Welten, von denen uns Giordano Bruno sagt, sie seien »Läufer oder Kuriere, Gesandte, Boten der Herrlichkeit des Einzigen und Allerhöchsten«.

Dieses Lichterlebnis fand vor fünf Jahren statt. Im Körperinnern überzeugt, daß dieser alltägliche Ort in Wirklichkeit ein Modell der absoluten Struktur ist, entschloß ich mich, ihn von Grund auf in seinen geringsten Einzelheiten zu studieren, und man weiß, daß ich in dem Fliesenboden der Halle Linien auffinden sollte, die den Blumenkohl beschwören, das heißt für mich, die Zeichnung der Überkurve in ihrer Verfeinerung der vollkommenen Abwicklung. Ich sollte ferner an der Decke eine elliptische Kuppel von auf der Hand liegendem monarchischen Symbolismus entdecken. Ich vergaß nicht, daß der ganze Bahnhof mit einer Andeutungskraft ausgestattet ist, die weniger auf die Vorstellung des Reisens hinzielt als auf die in den Tiefen des Geistes empfangenen Informationen über die vergängliche und dennoch närrisch präzise, unerbittlich strukturierte, erhaben monarchische Natur der belebten Materie. Was die öffentliche Meinung beeindruckt und dem Impressionismus für lange Zeit den Ruhm gesichert hat, sind die Gemälde von Bahnhöfen – vor allem von Saint-Lazare –, die von den Künstlern als Herausforderung in übertriebenen Antibonbonfarben von einem prosaischen Stoff ausgeführt wurden. Über den Skandal hinaus war das, was dabei zählte, die vermittelte Information. Es ist nicht wahr, daß der gewöhnliche Mensch das Wesentliche nicht versteht; sein Unterbewußtes registriert die Botschaft, doch seine ungebildete oder verkalkte Intelligenz zieht einen Vorhang davor.

Das Bild eines Bahnhofs kann eine ästhetische Transzendenz erzeugen und die Wahrheit über die Materie, das Leben und das Weltall enthalten. Und ich dringe ein in meinen Bahnhof von Perpignan wie die heilige Therese in die Küche, wohin sich die Nonnen zum Scherzen zurückgezogen hatten. »Warum die Küche?« fragt sie. »Gott wandelt auch zwischen den Kochtöpfen.« Mir ging indessen auf, daß dieser Bahnhof durch seine besonderen Strukturen und seine geographische Lage im Herzen eines Gebiets, wo seit jeher die Zeichen einer letzten Erkenntnis zusammentreffen, ein ganz außergewöhnliches Interesse verdient. Deshalb machte ich mich, ausgehend von Emotionen, die ich durchaus als wahnsinnig anerkennen will, an die strengste Analyse, an die Beobachtung von wütendster Logik. Seit vier Jahren nehme ich alle überhaupt möglichen Messungen vor, ich studiere die Form der Fenster, die Anordnung der Türen, der Schalter, der Gepäckwaage, des Zeitschriftenkiosks, der Bänke, Anschläge, Fahrpläne. Ich lasse Hunderte von Fotos machen, die dann beträchtlich vergrößert werden, um die geringste Kleinigkeit auszuspähen. Unbarmherzig spüre ich dem Realen nach und sehe mit Verwunderung in seiner strahlenden Objektivität ein universales Diagramm aus einem übersubjektiven Phänomen erscheinen. Daß die totale Erkenntnis in uns hineingelegt worden ist, daran zweifle ich nicht eine Sekunde. Wir suchen nichts, was nicht bereits unter der Kuppel des Geistes enthalten wäre, und wir könnten weder Mathematik noch Chinesisch lernen, wenn die Wissenschaften und die Sprachen nicht schon schwebend in unsern schlafenden Gewässern vorhanden wären. Allmählich ordnen sich Fälle bedeutsamen Zusammentreffens, um die Universalität des Bahnhofs von Perpignan zu ent-

wickeln und schließlich die objektiven Zufälle zum
Rang unbestreitbarer Beweise zu erheben. So ist es
auch – um nur ein einziges Beispiel zu geben, geschehen, daß ich, als ich das Buch von Raymond
de Becker über Freud aufschlug, auf die einzigartige
Zeichnung stieß, die der Vater der Psychoanalyse
ausgeführt hat. Man weiß, daß Freud in den vier
Jahren seiner Verlobungszeit eintausendfünfhun-
dert Briefe geschrieben hat. Einer dieser Briefe enthält eine Skizze von dem Zimmer, das der junge
Mediziner im Krankenhaus von Wien innehatte.
Welches Bedürfnis verspürte er, diesen Grundriß
zu zeichnen, wenn nicht das, einem Zwang des Unbewußten im Hinblick auf eine Struktur zu gehor-
chen, die genau die des Innern der Bahnhofshalle
von Perpignan ist, das heißt also »die« Struktur?
Die Entdeckungen vervielfältigen sich; die Bilder
meines Wahnsinns kehren wieder, beglaubigt von
der objektiven Welt, während sich in mir eine
ganze Kosmogonie bildet, und wenn ich nun noch
die Gleichwertigkeiten zwischen Montségur und
dem Bahnhof von Perpignan erwähne, dann tue ich
es, um den Triumph der paranoisch-kritischen Methode zu erhöhen. Jedesmal fördere ich einen neuen
Mechanismus dieses kybernetischen Geräts meines
Denkens, das vielleicht das des gesamten Denkens
ist, zutage. Hätte ich es anderswo finden können?
Ich weiß es nicht. Ich glaube es nicht, da ich den
viszeralen Aufschwung für den höchsten Hinweis
und alle Wahrheit für das Ergebnis konzentrischer
Kräfte halte, die mich verpflichten, nur einen einzigen Ort zu befragen: meinen heimatlichen Boden.

Ich werde das Modell des Bahnhofs von Perpignan, der selbst wieder das Modell des Universums
ist, in Gold gießen lassen, und darunter werde ich
mit Gala in der Erwartung einer Auferstehung

schlafen. Doch solange ich lebe, werde ich diese höchste *Mandala* befragen und vervollkommnen, die in einer ganz einzigartigen Stadt konzipiert wurde, wo man das Maß des Meterstabes festlegte. Denn tatsächlich wurden in Vernet, danach vom Turm der Kirche Saint-Jacques in Perpignan aus die Triangulationen berechnet, die es erlauben sollten, die Länge des Erdumfangs genau zu messen und daraus eine Einheit zu erlangen, die für alle Zeiten und Völker gültig ist. Diese Suche nach einer Einheit mitten in der Französischen Revolution, in den Schwärmereien der rechnenden Vernunft vermählt sich mit einem Suchen nach der Substanz Gottes, nach der Dichte Gottes, der sich hinter der flockigen Materie verbirgt, und nimmt einen paroxystischen metaphysischen Wert an, wenn man daran denkt, daß der Querschnitt des Meterstabes ein Kreuz ist, das man legitimerweise Goldkreuz der heiligen Katharina von Siena nennen darf und das heute das X der Strahlungen eines Kryptonatoms ist. Der Mensch mißt, doch Gott entzieht sich; er läßt uns nichts in den Händen als Schatten von Wellen, er, der der Nichtmeßbare ist, weil er das absolute Maß ist: die wahre Substanz in menschlicher Gestalt von einem Meter Größe, unendlich konzentriert und unendlich ausgebreitet in dem Universum, dessen Diagramm auf dem Bahnhofsplatz von Perpignan gezeichnet wurde. Ich lese die ganze Wissenschaft in meinem Bahnhof von Perpignan wie der Alchimist im *Liber mutus*, dem lediglich diese Worte vorangestellt seien: »Außerdem ist es das schönste Buch, das jemals über dieses Thema gedruckt worden ist, über das, was die Gelehrten sagen, gibt es hier Dinge, die noch niemals jemand ausgesprochen hat. Man braucht nur ein wahres Kind der Kunst zu sein, um sie von vornherein zu kennen.«

Subsidiäre Passionen,
zusätzliche Neigungen und Abneigungen

*Die Arbeit und die Freiheit, nichts zu tun –
Über die Musik als geringere Kunst – Das
Gebirge, dieser Greuel – Die dalinische
Gastronomie – Gegen die Tiere und die
Kinder – Schönheit der Testikel – Die jungen
Mädchen und die Hummern – Der relative
Orgasmus – Wie man Bücher schält – Der
weibliche Körper – Träumereien über das
Rhinozeroshorn.*

Das beste im römischen Recht, das das Privateigentum und die persönliche Bereicherung schützt, ist die Einführung des Gedankens, daß die größte Freiheit, der erhabene Gipfel des Verdienstes und Erfolgs, das Vermögen ist, nicht arbeiten zu brauchen.

Es wird Sie nicht in Erstaunen versetzen, daß Sie mich da in einem schwierigen Widerspruch finden. Meinem Ruf nach bin ich der Mensch, der am meisten auf der ganzen Welt arbeitet. Tatsächlich nutze ich meine ganze Zeit zur Produktion. Doch moralisch würde ich eine Gesellschaft, in der jeder zur Arbeit gezwungen ist, als verächtlich betrachten. Die Meinungsfreiheit ist nichts im Vergleich mit der riesigen Freiheit, auf der Erde sitzen zu bleiben, wenn man keine Lust hat zu arbeiten.

Wohlverstanden, ich bin zur Arbeit verpflichtet, aber einfach nur deshalb, weil ich noch reicher werden will, als ich schon bin, um damit die wissenschaftlichen Forschungen über die Unsterblichkeit des Menschen zu fördern und ihre Ergebnisse zu genießen. Ich mache Porträts von Frauen von Welt und von Berühmtheiten, Schmucksachen, Ballettausstattungen, Arbeiten aller Art, die übrigens eine Beziehung zu meinem Beruf als Maler haben und die angenehmer sind als die des Beamten oder Bankangestellten. Es sind sehr ruhmvolle Arbeiten, die es mir erlauben, meine Technik zu verfeinern und mein Genie voranzubringen.

Ich liebe nur schlechte dröhnende Musik oder aber Musik, die verworren, übersteigert, paroxystisch ist wie beispielsweise *Tristan und Isolde*. Wenn ich Besucher am Ende des Tages im Patio von Port Lligat empfange, ist es immer *Tristan und Isolde*. Die Platte ist zerkratzt und das Grammophon sehr mäßig. Das knattert so, daß man sehr wohl sagen könnte, da werden Sardinen gebraten.

Ich bin zwar in der Lage, Bach oder Händel zu würdigen, wenn man mir sagt, das sei erlesene Qualität, und ich bin dann auch bereit zuzuhören. Aber weder Bach noch Händel noch ihresgleichen eignen sich für meinen Größenwahn, für meine Auffassungen, meine Ekstasen, da sie nicht in meine geistige Landschaft hineinpassen, die den vielgestaltigen und phantastischen Felsen vom Kap Creus ähnelt, und mein inneres Theater nicht begleiten, verschönern und erweitern können.

Tatsächlich teile ich die Ansicht Bretons, für den die Musik eine geringere Kunst war. Ich setze die Architektur an die erste Stelle, an die zweite die Malerei, an die letzte die Musik, die das konkrete Denken des Menschen nicht zu vermitteln vermag. Das konkrete Denken des Menschen nicht vermitteln zu können ist ein scheußliches Handikap für jemand, dessen Einstellung auf Erkenntnis gegründet ist. In der Musik kann man nicht sagen: »Über dem Futter mitten auf dem Tisch links steht ein blauer Hut.« Und die Bemühung, mit Hilfe von Tönen eine Kosmogonie auszudrücken, ist absolut unmöglich; es ist eine Katastrophe; dann ist alles aus. Es bleibt einem nichts als der sentimentale Erguß, die emotionelle Lyrik oder die Wahrheit im

Schleimzustand. Da ich der am wenigsten sentimentale Mensch bin, den es gibt, besteht also nicht die
geringste Aussicht, daß die Musik auch nur den
mindesten Einfluß auf mich hat. Rein visuell ver-
anlagt, liebe ich es, mich mit unbeweglichen Dingen
zu umgeben, die unter meinem Blick fest bleiben.
Da ich nicht auditiv bin, bediene ich mich gern des
Lärms, der lauten und viszeralen Musik, die sich
von Grund auf für den Heroismus und für meine,
ebenfalls heroische, Arbeit eignet.

Greuel! Greuel! Greuel des Gebirges! Und der
Wintersport, welche Abscheulichkeit! All diese leeren Orte, diese Wüsten in der Höhe, diese Gefäng-
nishofmauern aus weißem Quark!

Eines Tages überließ uns Gaston Berger, der das
Skilaufen liebte und in Paris zurückgehalten wurde,
seine Plätze in einem Hotel in Kitzbühel. Ich war
noch nie an einem solchen Ort gewesen. Es wurde
das trostloseste Schauspiel meines Lebens. Zunächst
ist für einen Voyeur von meinem Weitblick der
Kummer groß, ein Fenster zu öffnen und sich klar
darüber zu werden, daß da nicht das geringste zu
sehen ist: Weiß, nichts als Weiß von einer so arro-
ganten Nichtigkeit, daß es ihm nicht einmal genügt,
waagerecht zu bleiben. Ferner ist für einen Mann
von meinem Geschmack nichts abstoßender, als diese
Skifanatiker zu hören und zu sehen, die kindisch
bei ihren Abfahrten sind, ganz zu schweigen von
dem, was sie mit ihren Füßen machen und daß sie
wie Schweine leben, wenn sie mit ihren riesigen
Stiefeln überall schmutziges Wasser von sich geben.
Ich hatte mir monumentale Kamine und herr-
schaftliche Speisen vorgestellt. Ich bekam lauwarme
Heizkörper, Fußböden, auf denen sich der Schmutz
häufte, panierte Koteletts und Hors d'œuvres aus der

Klinik, eine Schnitte Lachs, gekrönt von einer Olive, in Mayonnaise gebettet. Schließlich brachte man mich in eine graue Höhle hinab und nagelte mich auf Skier wie einen gefrorenen Christus. Draußen versuchten diese furchtbaren Objekte, mit boshaftem und gespenstischem Leben begabt, sich davonzumachen, indem sie mir die Knöchel zerschlugen. Ich hätte weinen mögen, ich war in einen Zustand klebriger Trauer, in beklagenswerte Wut und ungeheuerliche Trostlosigkeit versetzt worden. Greuel des Gebirges, das weder dem Maß noch der Maßlosigkeit des Menschen entspricht, disproportioniert ohne jede Erhebung! Übrigens liebe ich ausschließlich Cadaqués, mein eigenes Zentrum, das die ganze Welt am Rand des Meeres ist.

Ich habe erzählt, daß ich mit sechs Jahren Koch werden wollte. Mit sieben Napoleon. Doch als ich das Alter der Vernunft erreichte, wurde mir klar, daß es keinen höheren Ehrgeiz gab, als Dali zu werden.

Vernarrt in die Größe wie Napoleon, Mischer von Elementen wie ein Koch, wie ein Alchimist, wie ein Maler, ist mir mein Leben also dadurch gelungen, daß ich meiner Kindheit treu geblieben bin — nur mit dem feinen Unterschied, daß Dali niemals ein Kind gewesen ist.

Die sinnliche Intelligenz, die ich in dem geheiligten Tabernakel meines Gaumens besitze, fordert mich auf, den Speisen viel Aufmerksamkeit zu widmen. Ich bin übrigens ein Mensch, der allem Aufmerksamkeit widmet. Und zuallererst der Aufmerksamkeit.

Wenn wir von Figueras nach Cadaqués fuhren, um dort ein paar Tage zu verbringen, verzichtete mein Vater nicht auf seine noble und strenge Rolle.

Er war versessen auf Seeigel, aber er aß sie allein
für sich, damit niemand Zeuge seines Genusses
wurde. Wie er liebe ich die Früchte des Meeres und
die Krustazeen, die die göttliche Schlauheit besitzen, ihre Knochen außen zu tragen, und uns das
Glück vorbehalten, ein verborgenes, geschütztes,
jungfräulich unberührtes Fleisch kosten zu dürfen.
Ich knacke auch gern Schädel kleiner Vögel: jede
geschlossene Struktur versetzt mich in Entzücken.

Was die große Küche betrifft, so gehört sie nicht
zu meiner ursprünglichen Natur, sondern zu der
zweiten, ornamentalen, später erworbenen, die notwendig ist für die Entfaltung des Genies in den
seltenen Zonen der reinen Ästhetik. Ich bin von
einem vollendeten Snobismus, durch meine Herkunft aus der Provinz zur Weißglut erhitzt. Als
ich in Paris ankam, wurde ich unverzüglich von der
Aristokratie und der großen Küche unterjocht. Die
Frauen mit den Namen von Provinzen und Schlös-
sern, mit hervortretenden Knochen unter herrlichen Gewändern, mit einer durch köstliche Parfüms,
Perlen und Steine irreal gemachten Haut ließen
mir ebenso das Wasser im Mund zusammenlaufen
wie die höchst komplizierten Gerichte, die in dunklen Soßen von erlesener Verfeinerung schmelzenden
Fleischsorten und die wunderbaren Cremes, in denen sich in einer gewagten und gelungenen Mischung
die seltensten Dinge zusammenfanden, das ganze
serviert von schimmernden und spukhaften Dienern
mit gekrümmter Gestalt und auf lautlosen Sohlen.

Wie die Orchidee des Snobismus im Ohr wächst,
so braucht man mir nur zu sagen, daß ein Gericht
ungewöhnlich sei, und schon beben meine Ge-
schmackswarzen. Ebenso ist es, wenn ich erfahre,
daß diese oder jene Prinzessin mich besuchen will;
und wenn man mir dann ihre Titel und Wappen

aufzählt, hat diese Begegnung einen ungemeinen
Reiz für mich. Wenn ich einer solchen Frau im
Autobus gegenübersäße und nichts von ihr wüßte,
würde ich sie nicht ansehen. Man braucht mich nur
ausreichend zu unterrichten, dann bin ich von voll-
endetem Gehorsam. Wenn ich ein Duell ausfechten
müßte, würde ich mit religiöser Gefügigkeit den
Ratschlägen des Fechtmeisters zuhören. So bin ich
ein beflissener Schüler, bereit, die Klinge mit der
wunderbaren Ausnahme zu kreuzen. In Saulieu
sagte mir eines Abends Monsieur Dumaine: »Sehen
Sie sich dort den Nebelstreifen in halber Höhe der
Pappelgruppe an. Über dem Laub ist der Himmel
klar, die Sterne funkeln. Am Fuß der Bäume könnten Sie die Kleeblätter zählen. Bereiten Sie sich
innerlich vor! An solchen Abenden, wenn der Ne-
bel genau in dieser Höhe schwebt, gelingt mir die
Blätterteigpastete, die ich Ihnen machen werde.« Ich
habe mich an den Tisch gesetzt, die Landschaft betrachtet, und der gastronomische Genuß war ungemein groß. Die gleiche Pastete ohne diese Ansprache hätte ich zerstreut gegessen.

In Paris gerate ich an den Rand einer Leberkrise,
weil ich die kompliziertesten Soßen, die künst-
lerischsten, die sich nur finden lassen, koste. In
Cadaques ernähre ich mich von Koteletts, von Seeigeln, die am Meer geöffnet werden, von Muscheln,
die man über kleinem Holzfeuer zwischen den Felsen von Kap Creus zum Klaffen bringt, und ich
trinke nur Wasser. Denn ich sorge mich sehr um
meine Gesundheit und bemühe mich, das am Leben
zu halten, was für mich das Außergewöhnlichste
auf der Welt ist: ich.

Ich liebe weder Tiere noch Kinder. Das bewegt sich
dauernd. Bewegung rund um mich her erfüllt mich

mit Angst. Ich dulde den Ozelot, den mein Sekretär, Kapitän Moore, gezähmt hat, weil Gala ihn liebt und weil dieses Tier ein ausgezeichnetes Thema für mondäne Gespräche liefert. Dabei ist anzumerken, daß mich dieses verdammte kleine Raubtier mit abgefeilten Zähnen, beschnittenen Krallen und Edelsteinhalsbändern bereits zum Hahnrei gemacht hat. Eines Tages fuhr ich im Aufzug des San Régis mit ihm in mein Appartement hinauf. Zwei Damen riefen: »Das ist doch der Ozelot von Dalí!« Und sie bemerkten nicht, daß Dalí selber da war.

Ich hätte es lieber, wenn die Tiere unbeweglich wären. Zur Not würde ich mich an Seezungen gewöhnen, weil sie flach wie Briefumschläge sind, wenn man sie wie Persermuster auf die Teppiche legte. Doch ihre Zuckungen beim Ersticken würden mich dann immer noch stören. Lieber wäre es mir dann schon, wenn sie nachgemacht wären.

Was die Kinder betrifft, so mag ich sie erst von dem Augenblick an, wo sie »erotisabel« werden, das heißt eine gewisse Schönheit erwerben. Die Neugeborenen und die kleinen Kinder mit ihrem zu kleinen Körper und dem riesigen Kopf finde ich gräßlich und angsteinflößend. Sie ähneln gleichzeitig dem Embryo, der sie waren, und dem Greis, der sie werden, und alles, was Ursprung oder Ende beschwört, verursacht mir unerträgliches Elend. Man spürt in ihnen das Vorhandensein einer ganz und gar ungeheuerlichen, abweichenden Intelligenz. Ich liebe entwickelte Kretins, aber diese Sorte von Kretinismus in einem kleinen, geistig gesunderen Fleischklumpen, der nie ein Kretin sein wird, vor Augen zu haben stört mich erheblich.

Als mich García Lorca besitzen wollte, habe ich mich mit Schaudern geweigert. Doch seit ich älter werde, fühle ich mich ein wenig mehr von Männern angezogen. Meine Voyeur-Einstellung richtet sich voller Gefallen auf sie. Vorausgesetzt, daß sie keinen Bart haben, sehr jung sind und daß sie Mädchen mit langen Haaren und engelhaften Gesichtern ähneln. Auf einem sehr geschmeidigen, quasi femininen Körper die Männlichkeit sich aufrichten zu sehen bereitet meinen Augen Genuß.

Von allen Schönheiten des männlichen Körpers sind es die Hoden, die die größte Wirkung bei mir hervorrufen. Bei ihrer Betrachtung empfinde ich eine metaphysische Begeisterung. Mein Lehrer Pujols sagte, sie seien Behältnisse nicht empfangener Lebewesen. So beschwören sie mir die unsichtbaren und unverderblichen himmlischen Kräfte. Aber ich verabscheue die hängenden, die aussehen wie Bettelsäcke. Für mich müssen sie gesammelt, kompakt, rund und fest wie eine doppelte Muschel sein.

Ich habe eine Vorliebe für die jungen Mädchen und die Hummern. Wie die Hummern haben die jungen Mädchen ein erlesenes Inneres. Wie bei den Hummern ist ihr Panzer (aus Scham) architektonisch. Wie die Hummern erröten sie, wenn man sie genießbar machen will. Man soll aber nicht glauben, daß ich mich vom Fleisch junger Mädchen ernähren wollte! Ich liebe die Scham der Jungfrauen, und ihre kindlichen und falschen Theorien über die Sexualität sind ein Schatz für mich. Vor allem andern bezaubert mich an der Jungfräulichkeit, daß sie eine unvergleichliche geistige Spannung hervorruft. Die jungfräulichen Mädchen sind für schöne Emotionen aller Art empfänglich. Herausfordernde Worte, die sich in dem gallertartigen Universum geöffneter Frauen verdünnen, fallen auf sie wie ein Feuerregen. Ich bin immer von der Suche nach Jungfrauen besessen gewesen, nicht um sie zu Frauen zu machen, sondern im Gegenteil um sie so lange wie möglich in ihrem Zustand zu belassen, indem ich ihre Libido bis zum Höchsten vergeistige und entwickle.

Ich bin mit meinem Sperma so geizig wie mit meinem Gold. Ich habe übrigens im Orgasmus niemals eine ungeheure Freude gefunden. Was zählt, ist all das, was vorausgeht, weniger übrigens in den Taten als im Geist. Als ich noch sehr jung war, erfreute mir die Ejakulation das Geschlecht, doch jetzt ist sie eine Sache, die sich, ohne geradezu unangenehm zu sein, nur noch am Rand abspielt. Was ich suche, ist nicht der Orgasmus, sondern die Schau, die fähig wäre, den Orgasmus hervorzurufen.

Ich achte nicht die Bücher, sondern die Kenntnisse. Ich achte nicht die Kenntnisse, sondern in ihnen all das, was meine paranoisch-kritische Methode bereichern kann. Wenn ich male, lasse ich mir von Gala große Autoren vorlesen. Ich höre nicht zu, ich bade im Geräusch der Worte, ich absorbiere die wenigen Elemente der Literatur, um den dalinischen Stoffwechsel zu verbessern. Aber ich lese selbst auch, und zwar viel, in drei Sprachen; dabei interessieren mich vor allem Werke und Artikel über Mystik, Metaphysik, Philosophie, Psychoanalyse, über die Naturwissenschaften und die Grenzgebiete der Wissenschaft. Der Unterschied zwischen den Surrealisten und mir ist der, daß ich Surrealist bin. Das Unwissen, die Lustlosigkeit, die Schrullen des kleinen Sammlers, die dumme Verachtung der Naturwissenschaften, die Beschränktheit der Politikaster, die Manieriertheiten der Literaturaffen müssen geradewegs zur barocken Bizarrerie führen, gewiß nicht zum hyperklassischen Erwachen des dalinischen Surrealismus. Von den Männern der Renaissance habe ich die umfassende Neugier, und die Kinnbacken meines Geistes sind in ständiger Bewegung.

Für Gala ist es ein großer Kummer, wenn sie sieht, daß ich Bücher wie Krebse schäle. Für sie sind Bücher geheiligte Gegenstände, bereichert durch Widmungen, Zeitungsausschnitte, Briefe der Verfasser und so fort. Ich dagegen reiße die Seiten heraus, die mich interessieren, und wenn ich jemandem einen Titel empfehlen will, gebe ich ihm den Bucheinband.

Hier will ich eine schreckliche und groteske Anekdote erzählen, eine Szene aus einer Familientragödie. Mein Vater, der mich heiß liebte, hatte für mich eine Subskription auf die *Große Spanische Enzyklopädie* abgeschlossen. Er erhielt monatlich einen Band, den er mir nach Madrid schickte. Für ihn war das eine Art mündelsichere Geldanlage, ein Monument der Kenntnisse, das er mir vermachte, die große Gebärde väterlicher Liebe als Weihegabe an die Intelligenz des Sohnes. Ich lebte zu jener Zeit in einer paroxystischen Orgie im Schoß der avantgardistischen Gruppe mit Buñuel und Lorca. Anscheinend dachte ich gar nicht daran, an die Familie zu schreiben, und mein Vater flehte mich in seinen zahlreichen Briefen an, etwas von mir hören zu lassen. Endlich entschloß ich mich, das zu tun. Ich hatte gerade wieder einen Band der *Enzyklopädie* bekommen, voller prächtiger Farbtafeln und kostbar gebunden. Ich riß den Rückdeckel ab und schrieb darauf als Hohn: »Ich wünsche Dir schöne Ostern und Weihnachten.« Mein Vater in Figueras erhielt das eingehüllte, verschnürte, mit zahllosen Briefmarken beklebte Paket. Endlich hat Salvador mir geschrieben; bestimmt schickt er mir da viele Fotos seiner Werke! Er bestellte sich zu Mittag sein Lieblingsgericht: Brocoli in Öl. Er setzte sich an den Tisch, legte den umfangreichen Brief vor seinen Teller, verspeiste seine Brocoli mit riesigem Vergnügen, dann nahm er, das Messer in der Hand, seinen Nachtisch in Angriff: die Nachricht seines vielgeliebten Sohnes. Da bekam er die Beleidigung und die Entweihung mitten ins Gesicht. Er sagte nichts. Er stand auf. Er ging hinauf und legte sich ins Bett. Ich bin in meinen Gefühlen niemals weich geworden, und niemand sieht mich je den Friedhof von Port Lligat betreten, der drei Schritt von meinem Haus entfernt liegt. Gewiß, ich habe meinen Vater schwer leiden lassen. Durch Egoismus und Jesuitismus befreie ich mich in drei Stufen von den Gewissensbissen. Erste Stufe, ich überwinde die Gewissensbisse, ich übersteigere die Schuld, indem ich mir einrede, daß ich es bin, der ihn getötet hat. Zweite Stufe, ich erkenne an, daß man so weit wirklich nicht zu gehen braucht, und empfinde tiefen Genuß bei dem Wissen, daß ich kein Verbrecher bin. Dritte Stufe, ich beglückwünsche mich überschwenglich, der zu sein, der ich bin, denn mein Vater würde hundertfältig für seine Schmerzen belohnt, wenn er mich so berühmt sehen könnte.

Die Frauen: äußerst feine Taille und viel Gesäß, das ist vollkommen. Brüste, kein Interesse. Also lieber klein. Oder auch im Verhältnis zum Körper entwickelt und der Warzenhof körnig, der mich immer ein bißchen verwirrt, da ich den Eindruck habe, man könne ihn zum Telefonieren benutzen.

Ich habe oft gesagt, daß ich die Frauen mit viel Kokzyx besonders hoch schätze. Pauwels weist mich darauf hin, daß der Ausdruck falsch ist. Ich nannte Kokzyx die Hüftknochen, die bei berühmten und besonders mageren Mannequins durch die Kleider wahrzunehmen sind. Es sind also die Frauen mit viel Ilium, die am meisten Wirkung auf mich ausüben. Diesen Vorsprüngen des Beckens entsprechen zwei Gruben am Ansatz der Gesäßbecken. Das ist für mich die Vollendung der luxuriösen Weiblichkeit. Die primitive griechische Bildhauerei bezieht sich auf den respiratorischen Typ – mächtiger dreieckiger Thorax, enges Becken, schmale Hüften, flaches Gesäß. Als sich die Bildhauerkunst verfeinert, feiert sie den digestiven Typ und gelangt durch ihn zum Klassizismus, der die höchste Erotisierung der Gestalt darstellt.

In Paris, in der zweiten Etage des Magazins Deyrolles, gibt es Horn vom weißen Rhinozeros. In Wein geraspelt, ist es das stärkste Aphrodisiakum, das ich kenne. Ich habe es zweimal ausprobiert, nicht an mir selbst, sondern an Freunden ohne deren Wissen. Ich kann Ihnen versichern, daß das Ergebnis vollkommen schlüssig ist...

Die Verwendung dieses Horns ist nur einigen Eingeweihten bekannt. Die kultivierten Chinesen von Paris fragen ständig telefonisch an, um das Datum einer neuen Sendung bei Deyrolles zu erfahren.

Das Horn des weißen Rhinozeros ist das einzige Aphrodisiakum, das mir als reell erscheint und das ich den Liebestränken des Mittelalters an die Seite stellen kann. Alles, was ich über andere Produkte erfahren habe, erscheint mir von lächerlicher Armseligkeit. Die vom Marquis de Sade angepriesenen Aphrodisiaka, wie etwa Kantharidenpulver, erzeugen eine Reizung der Schleimhäute, die die mechanische Illusion des Begehrens hervorrufen, eine

Erhitzung der Blutgefäße. Ich würde auch die Stoß-waffe des Narwals nicht empfehlen, die keinesfalls das marine Gegenstück zum Horn des Rhinozeros ist. Sie ist hohl, und es handelt sich dabei um einen riesig verlängerten und verrückten Eckzahn, der sich beim Wachsen linksherum um sich selbst dreht und aus dem Narwal einen Versager mit asymme-tischem Schädel macht.

Das Rhinozeros dagegen ist ein gelungenes We-sen. Paracelsus hat häufig die schraubenförmig ge-wundene Stange des Einhorns erwähnt. Dieses übernatürliche Wesen läßt sich nach der Legende durch seine übergroße Sinnlichkeit fangen. Man bot ihm eine Jungfrau an, und es kam herzugelaufen, um sich in ihre Arme zu schmiegen. In Wirklichkeit handelte es sich um das weiße Rhinozeros.

Nach den Fabelberichten zerspringt das Horn des Einhorns bei der Berührung mit einem Gift. Als das weiße Rhinozeros vom Oberen Nil im Römischen Reich bekannt wurde, benutzte man das Horn zur Entdeckung von Gift. Man machte Trinkschalen daraus, von denen sich einige Exemplare in eng-lischen Museen finden.

Die Monarchen, gehetzt von der Furcht vor Ver-giftung, ahnten nichts von der aphrodisischen Kraft dieses Horns, dessen Empfindlichkeit für toxische Stoffe nur eine sekundäre Eigenschaft ist. Das Horn des Rhinozeros ist ein zum Himmel gerichtetes Ge-schlecht – oder vielmehr ein Kondensat, eine kom-pakte Materialisation urtümlicher Energien der Natur. Es ist ein kosmisches Geschlechtsorgan, das Ergebnis und die Signatur antediluvianischer Zei-ten, seit Jahrzehntausenden unter einem hermeti-schen Panzer gesammelt, verdichtet, aufgegossen, verdaut, geschmort. Das Rhinozeros ist der Panzer-schrank der Erkenntnis auf animalischer Ebene, ein massiver Panzerschrank, stärker gemeißelt und bearbeitet als eine Bronzeplakette. Das Horn, glatt und gekrümmt, langsam geformt, umschließt eine erhebliche innere Energie. Ich neige durchaus zu der Ansicht, daß es alchimistische Kräfte besitzt.

Es wäre nützlich, das Rhinozeros mit allen modernen Erkenntnissen zu studieren. Zuerst einmal, weil es im Begriff ist, von der Erdoberfläche zu verschwinden. Ferner, weil es ein ungewöhnliches psychoanalytisches Material darstellt. Man weiß nicht, ob es auf geniale Weise verrückt oder vollkommen schwachsinnig ist. Sein Verhalten ist überaus seltsam, erotisch und kompliziert. Seine Art zu lieben ist von ganz seltener Raffinesse: dreißig bis vierzig Minuten, manchmal eine Stunde und sogar noch länger. Die längste Zeit von allen Säugetieren, dazu unbedingt dalinische Riten und Vorbereitungen der Zeremonie. Schließlich habe ich entdeckt, daß es im Analstadium fixiert ist. Es legt seine Exkremente während des ganzen Lebens unwandelbar an der gleichen Stelle ab und umgibt sie mit äußerster Sorge und Aufmerksamkeit, um damit die unsichtbare Mauer seines eigenen Geruchs zu errichten und um sich vor andern Rhinozerossen zu schützen. Das erscheint mir als hohe Subtilität.

Ich wünschte, daß man eine gründliche Untersuchung des Horns vornähme. Die Chemiker haben erklärt, es könne keine aphrodisischen Eigenschaften besitzen (obwohl sie zu beobachten sind!), da darin keine Spur von chemischen oder hormonalen Substanzen zu entdecken sei. Das mag zutreffen, aber dann muß man anderswo suchen, da sich meiner Ansicht nach alles auf nuklearer Ebene abspielt. Möglicherweise derart, daß man sich in Gegenwart einer konzentrierten verwandelnden Potenz befindet und die Absorption des Rhinozeroshornpulvers in uns Energien verwandelt, wobei es nicht lokal, sondern auf die Gesamtheit der Kraftfelder wirkt. Wenn meine Hypothese auch nur die Ansätze eines Beweises fände, würde man verstehen, daß die wahre aphrodisische Kraft an eine Verwandlung der belebten Materie gebunden ist, oder man begriffe die göttliche Struktur des Eros. Von nun an wird man, wie ich hoffe, zugeben, daß meine Passion für das Rhinozeros, das Reservoir von Energien der vormenschlichen Welt, keine Verrücktheit ist.

Davon abgesehen bin ich gegen alle Stimulanzien. Sie erzeugen subjektive Zustände vom romantischen und verschwommenen Typ. Meine einzige Erfahrung auf diesem Gebiet ist der Alkohol. Ich habe eine Periode der Verirrungen erlebt, in der ich mich, ohne je betrunken zu sein, in einem ständigen kolloidalen Zustand befand. Nach vier, fünf Glas war es mir, als hätte ich erhabene Ideen entdeckt, die zu notieren ich mich beeilte. Am nächsten Tag schämte ich mich der Dürftigkeit dieser Aufzeichnungen. Ich habe aufgehört zu trinken, weil ich entschieden an der Intelligenz hänge. Danach habe ich damit begonnen, zu träumen, daß ich betrunken sei, wobei mir stets bewußt war, daß ich träumte. Im Traum sagte ich: »Noch ein Glas Champagner, noch ein Glas Portwein, du träumst ja! Morgen wirst du frisch wie die Rose sein!«

Danach habe ich diesen Träumen entsagt und eine unmäßige Vorliebe für Zucker gehabt. Schließlich habe ich auch auf die Süßigkeiten verzichtet. Jetzt träume ich weder von Alkohol noch von Konfekt. Nichts. Ausgangspunkt immer normaler und Ziel das immer straffere des Genies.

Die große Lehre für alle Genie-Lehrlinge ist die, daß Inspiration und Erleuchtungen immer in den

normalen Zuständen und den alltäglichsten Augenblicken aufsteigen, wo der Geist, jäh auf Gegenstände und Beziehungen fixiert, die an den gewöhnlichen Sterblichen unbemerkt vorübergehen
und sich am wenigsten zur Erhabenheit eignen, neu
zentriert und geschärft, sein eigenes Erregungsmit-
tel und sein eigenes Aphrodisiakum wird.

Anhänge

*Notizen Dalis bei der Lektüre des Manuskripts
des vorliegenden Buches*

Gala

*Ich liebe es leidenschaftlich, von Gala beherrscht zu
werden. Dank dieser Beherrschung, die an dem Tag
begann, als sie mir, von Südkorea kommend und
nach Perpignan weiterfahrend, begegnete, bin ich
im Begriff, der Archetyp des Katalanen zu werden,
den Pujols prophezeite, als er schrieb:*

»Wir werden ihn vielleicht nicht sehen, weil wir
schon tot und begraben sind, aber bestimmt werden
jene, die nach uns leben, sehen, wie die Könige der
Erde vor Katalonien niederknien. Und dann werden die Leser meines Buches, falls einige Exemplare
davon erhalten geblieben sind, wissen, daß ich recht
hatte. Wenn man dann die Katalanen betrachtet,
wird es sein, als betrachte man das Blut der Wahrheit; wenn man ihnen die Hand gibt, wird es sein,
als berühre man die Hand der Wahrheit.

Viele Katalanen werden vor Freude weinen;
man muß ihre Tränen mit einem Tuch trocknen.
Weil sie Katalanen sind, werden ihnen alle Kosten,
wohin sie sich auch begeben, erstattet werden. Sie
werden so zahlreich sein, daß die Leute sie nicht
alle als Gäste in ihren Wohnungen aufnehmen können, deshalb werden sie ihnen Hotelzimmer anbie-
ten, das schönste Geschenk, das man einem Katalanen machen kann, wenn er reist.

Wenn man alles wohl gegeneinander abwägt, ist
es noch besser, Katalane als Millionär zu sein. Da
der Schein trügt, werden die Fremden selbst einen
Katalanen, der dümmer als ein Esel ist, für einen
Weisen halten, der die Wahrheit in der Hand trägt.

*Wenn Katalonien Königin und Herrin der Welt ist,
werden unser Ruf und die Bewunderung, die man
uns entgegenbringt, solche Gipfel erreichen, daß
viele Katalanen es nicht mehr wagen, ihre Herkunft
bekanntzugeben, und versuchen, als Fremde durch-
zugehen.*

*Wenn sich jemand wundert, daß Katalonien, das
im Vergleich mit andern Nationen nichts hat und
nichts darstellt, das nicht einmal das Minimum,
das heißt die politische Unabhängigkeit, besitzt, dessen Entscheidung im Rat der Staaten nichts wiegt,
bestimmt sein soll, die Welt zu beherrschen, wenn
sich also darüber jemand wundert, dann werden
wir folgendes erwidern: wenn man den Römern,
als sie Judäa beherrschen wollten, gesagt hätte, daß
die Juden ihrerseits die Römer und dazu ganz
Europa und Amerika — das noch nicht entdeckt
war — beherrschen würden, hätten sie laut gelacht.«*

*Ich, Dali, sage heute dies:
Das Denken von Raimundus Lullus und von
Pujols wird die Welt beherrschen. Aber noch mehr
das von Dali, der im Begriff ist, der reichste Archetyp des Hermes Trismegistos und der Katalanen-
typ von Pujols zu werden, dank der graziösesten
unter den Grazien: Gala, aus dem Norden gekommen, die unerläßliche Heldin, die weder Pujols noch
Gaudí an ihrer Seite gehabt haben, Gala, die wie
die chinesische Krabbe Teil von Südkorea ist, über
Perpignan fuhr und das Mittelmeer in Port-Lligat
erreichte!*

Der Tod
In einer früheren Fassung hatte ich angedeutet, daß
die Passion des Todes den Sieg über die Passion für
Gala davontrage.

Dali hat an den Rand geschrieben:
Ich glaube, daß sich Pauwels über die Wechsel-
wirkungen zwischen den Passionen Tod und Gala
täuscht. Wenn in dem erhabensten Gesicht, wo sich
die Neunte Sinfonie der Esfumatura *(Raffael, Ver-*
meer und Velázquez) ereignete, ein einzigartiger
Punkt auf dem Ohr existiert, ein mikrobiologischer
Bahnhof von Perpignan, dann ist es genau dieser
fast unsichtbare Punkt, der dem Schicksal entgegen-
geht, ZU SEINER STUNDE DIE VERZEHRENDE SONNE
MEINES TODES ZU VERDUNKELN.

(Dali bezeichnet mit dem Wort *esfumatura* das
Licht, das die von Raffael, Vermeer und Velázquez
gemalten Gesichter mit einem Nimbus umgibt.)

Der Ruhm
Hören Sie sich diesen Triumphmarsch an! Danach
lesen Sie Montaignes Lob der Kriegskunst. Kosten
Sie Meissonier und Detaille und seien Sie überzeugt:
die legitimen militärischen Strukturen der para-
noisch-kritischen Methode dringen in den Geist un-
serer Epoche ein und werden der Ruhm Dalis und
meines verklärten Leibes Gala sein.

Das Gold
Hier folgert Pauwels auf eine Dalis würdige Art
und Weise. Er erfindet, daß das Kreuz der er-
habenen Katharina von Siena aus Gold gewesen
sei. Und das ist, nach Dali, ebenso gewiß, wie daß
der als Idol aufbewahrte Meterstab aus einer Pla-
tinlegierung ist. Sein Querschnitt ist kein X, son-
dern ein Kreuz, von dem ich fordere, daß man es
KREUZ DER KATHARINA VON SIENA *nennt. Überdies*
ist unter den fünfzig Namen, die ich auch weiter-
hin meiner Passion für Gala gebe, der kostbarste
*»*MOJE SOLOTO*«,* MEIN GOLD, *auf russisch.*

Die Erotik

Ich ließ Dali im Hinblick auf seinen Plan, *Die hundertzwanzig Tage von Sodom* umzuschreiben, sagen: »Ich werde die Saga der Keuschheit, der Enthaltsamkeit und der seelischen Vollkommenheit daraus machen. Amen.«

Erheitert von der Lektüre dieses Kapitels, aber über das letzte Wort stolpernd, hat Dali notiert:

Bravo, Pauwels. Eine einzige Bemerkung: niemals Amen, und besonders nicht für die Erotik, die in meinem Leben vor allem »der Teller mit den Spiegeleiern« * *ist. Diese Teller müssen übereinandergelagerte Muster, psychedelische, kybernetische, hysterische, esoterische Moirés erlauben. Ihre Ornamente müssen sich labyrinthisch ineinander verschlingen. Diese Teller dürfen vor allem nicht platt sein, sondern müssen zu Basreliefs gewölbt, mit Buckeln, exzentrisch, konzentrisch, konvergent, divergent sein. Diese Teller – Sie sehen, wo ich hinauswill – müssen bis auf höchste entmaterialisiert und vergeistigt sein. Meine Erotik: Spiegeleier ohne Spiegel.* **

Die Monarchie

Dali, dem Wesen nach völlig unpolitisch, schläft jeden Abend ein, gewiegt von der Wiege der Geschichte, die für die Menschen nur das Pulsieren des genetischen Gedächtnisses sein kann: die Einheit, die Monarchie.

Gott und die Engel

Ich beschließe, Gott selbst zu fotografieren. Der Versuch ist ebenso legitim wie der vieler Maler und vor allem Michelangelos, der uns einen Gott hinter-

---

* »Le plat de œufs sur le plat.«
** »Des œufs sur le plat sans le plat.«

lassen hat, der eine Art von sehr bejahrtem Archetyp, ein Radikalsozialist etwa wie Jaurès, ist, an den die pseudoengelhaften Troubadoure mit langen vormythischen Haaren und vormonarchischem Spitzenschmuck der Jugend von heute nicht mehr glauben können. Mitten in der Französischen Revolution, während man die Göttin Vernunft rühmte, suchte man in Perpignan den Meter, jenes universale Maß, und tat damit den metaphysischsten Schritt der Menschheit. Betrachten Sie das Gespenst des Meters auf den mit Recht metaphysisch genannten Gemälden von Chirico, das von Lorca, das der Apokalypse und das, das Dali für das mathematische Foto Gottes benutzen wird.

Der Bahnhof von Perpignan

Neben das Zitat aus dem Vorwort des *Stummen Buches der Alchimisten*, wo es heißt: »Man braucht nur ein wahres Kind der Kunst zu sein...«, hat Dali geschrieben:

Ich benutze im Zusammenhang mit mir niemals das Wort Kind, immer nur das Wort Säugling. All meine Erkenntnisse, all meine Einzelinformationen seit der letzten Entleerung müssen kybernetisch zu Gott aufsteigen und dabei das polymorph-perverse Stadium des Säuglings durchlaufen, der ich gewesen bin, und das Stadium des GÖTTLICHEN ALBINOS, zu dem im Gegenstrom meine gesamte Biologie friedlich fließt, genau umgekehrt wie die berühmten, beklemmenden »Gelähmten von Jumièges«. *

---

* Die Gelähmten von Jumièges, der Sage nach zwei Söhne König Chlodwigs II., denen nach einem Aufstand gegen ihren Vater die Kniesehnen durchschnitten wurden. Danach wurden sie in das Benediktinerkloster Jumièges geschickt. (A.d.Ü.)

Subsidiäre Passionen,
zusätzliche Neigungen
und Abneigungen

Über die Arbeit:
Ich arbeite, vor Befriedigung speichelnd, mit all diesen »Radfahrern von der Tour de France«, die für mich, das heißt für die Noosphäre, arbeiten.

Über das Gebirge:
Von weitem sind die Berge wie von Bach. Von nahem sind ihre Unebenheiten wie Hämorrhoiden der Landschaft.

Über die Gastronomie:
Bei allen wichtigen Mahlzeiten: der Nacken durch schwere Vorhänge und das Gespenst des Todes von Mark Aurel geschützt.

Über die Kinder:
Der zu schwere Kopf der kleinen Kinder, ebenso schwer wie eine vom Tau getränkte Rose, wenn sie durch ihr zu großes Gewicht vom Stiel abbricht.

Über die jungen Mädchen:
Die Päderasten im Gegensatz zu den jungen Mädchen, je jungfräulicher, desto reicher.

Über den Orgasmus:
Die Kirchenväter bekennen, daß die himmlischen Visionen und die Ekstasen der Heiligen sie befeuchten.

Über die Bücher:
Gala, lebende Liturgie unserer heiligen Schriften.

Über den Frauenkörper:
*Das Gesicht der Frau muß, um erotisch zu sein,
erträglich unangenehm wirken.*

Über die innere Energie:
Das beste aller Phosphene.

ANHANG 2

Perpignan, die Messung der Erde und die Festlegung des Meters

In den Sommern der Jahre 1966 und 1967 begeisterte sich Dali für das intellektuelle und wissenschaftliche Abenteuer, das zur Festlegung des Meterstabes führen sollte. Er bat Louis Marquet, den hervorragenden Spezialisten für Gewichte und Maße, ihm eine Dokumentation zu schreiben. Louis Marquet übersandte ihm im Juli 1967 die hier abgedruckte Studie.

Als Ankündigung dieser Studie, die er im vorliegenden Buch abgedruckt sehen wollte, schrieb Dali:

Gott ist nicht tot! Die Suche nach dem Meterstab durch diejenigen, die die Göttin Vernunft auf den Thron setzten, unter dem Vorwand des Praktischen und Rationalistischen, hat eine geradezu paroxystische metaphysische Bedeutung. Der Stab muß in der Diagonale durch zwei Atome von Krypton 86, die sich kreuzen, übersetzt werden. Die Dimensionen der Dichte Gottes wurden am Fuß des Vernet bei Perpignan gefunden.

Nun der Text von Louis Marquet:
Perpignan, die Messung der Erde und die Festlegung des Meters

»Die beiden Fragen nach der Größe und der Gestalt

der Erde, die seit so langer Zeit die Astronomen
und die Geometer erregen, scheinen von einer Art
zu sein, die sich niemals völlig erschöpfend beant-
worten läßt. Die Alten haben sich nur mit der ersten
beschäftigt; die zweite schien ihnen bereits gelöst,
wenn sie gestellt wurde. Von dem Augenblick an,
als man sich von der Krümmung der Erde und der
Aufwölbung der Meere überzeugt hatte, schloß man
sehr rasch, daß die Erde eine Kugel sei. Zu einer
Zeit, als man am Himmel nur Kreise sehen wollte,
als man sich nur geradlinige oder kreisförmige Bewegungen vorstellen konnte, hütete man sich davor,
auch nur den mindesten Zweifel an einer Annahme
zu hegen, die eine große Einfachheit in der Theorie
mit ausreichender Genauigkeit für die Praxis ver-
band. Es galt also bis Huygens und Newton für
gewiß, daß die Erde kugelförmig sei.« (Delambre,
Base du système métrique décimal, 1806.)

Es genügte also, auf dem Boden die Länge eines
Meridianbogens zu messen (durch verhältnismäßig
einfache astronomische Verfahren in Grade einge-
teilt), um daraus die Gesamtlänge des Meridians,
also den Wert des Erdumfangs, also den seines Ra-
dius zu errechnen.

Als erster soll das Eratosthenes im zweiten Jahrhundert vor Christus in Ägypten getan haben. Uns
zeitlich näher liegt die Messung, die Kalif Al-Ma-
mun, wie berichtet wird, seinen Astronomen um
820 befohlen hat.

Im Jahr 1525 mißt Fernel, der künftige Arzt
der Katharina von Medici, die Entfernung von
Paris nach Amiens auf zweierlei Weise, einmal, indem er sie mit seiner Kutsche abfährt, deren eines
Rad mit einer Glocke verbunden ist, die bei jeder
Umdrehung des Rades läutet, zum andern, indem
er die Glocke an einen Fuß seines Pferdes bindet:

die Zahl der Radumdrehungen und die Zahl der
Pferdeschritte geben ihm die Entfernung an. Das
bemerkenswerteste daran ist, daß er trotz der
scheinbaren Ungenauigkeit der verwendeten Verfahren ein Resultat erhält, das dem heute gemessenen sehr nahe kommt.

Im Jahr 1615 führt Snellius, Mathematikprofes-
sor in Leiden, in Holland die erste bekannte Triangulation auf dem Meridian von Bergen-op-Zoom
nach Alkmaar durch. *Das Prinzip der Triangulation ist einfach: man mißt nicht wirklich auf dem
Boden, sondern nur, mit viel Vorsichtsmaßnahmen,
eine gerade Basis von alles in allem 10 bis 20 Kilometern.* Von den beiden Endpunkten dieser Basis
aus visiert man einen dritten Punkt an: man hat
ein erstes Dreieck, von dem man eine Seite, die Basis, und die Winkel an beiden Endpunkten dieser
Seite kennt; daraus kann man die Länge der beiden
andern Seiten errechnen. Von einem Endpunkt der
Basis und dem dritten Punkt aus visiert man einen
vierten an; so erhält man ein zweites bekanntes
Dreieck. Und so fort, allein durch das Winkelmes-
sen von einem Scheitel zum andern rahmt man den
Meridian ein und kann daraus die wirkliche Länge
eines Meridianbogens errechnen. Wenn dieser Bo-
gen lang ist, empfiehlt es sich, die Probe auf die
Operationen zu machen, indem man am Schluß die
Endpunkte einer neuen gemessenen Basis anvisiert.

Im Jahr 1670 unternimmt Abbé Picard eine Triangulation zwischen Paris und Amiens, wobei er
zum erstenmal Visierrohre mit Linsen verwendet.
Zur gleichen Zeit tragen Huygens und vor allem
Newton ihre Theorie vor, nach der die Erde nicht
kugelförmig, sondern an den Polen abgeplattet sei.
Die von Picard erhaltenen Ergebnisse bestätigen
diese Theorie. Doch nicht alle Gelehrten sind dieser

Ansicht. Um hier eine Entscheidung zu treffen, muß man die Länge eines Grades auf mehreren Meridianbogen messen: die Erde ist dort am stärksten abgeplattet, wo man die größte Länge erhält.

Von 1683 bis 1718 setzen Cassini und La Hire die Arbeit von Picard fort, indem sie eine Triangulation von *Dünkirchen* bis *Perpignan* vornehmen.

In der letztgenannten Stadt ist der als südlicher Endpunkt der Triangulation gewählte Punkt der Turm Saint-Jacques, das heißt der Turm der Kirche Saint-Jacques. Um die Probe auf die Operationen zu machen, wird im Jahr 1701 eine Basis auf dem Boden ausgemessen; das geschieht unmittelbar nördlich von Perpignan am Meer entlang, obwohl dort veränderliche Sandstrecken, Überquerungen von Sumpfgebieten und Flüssen in der Nähe ihrer Mündung Schwierigkeiten bereiten. Am Ende findet man einen Unterschied von annähernd 3 Klaftern (der Klafter zu 1,95 m) zwischen der Länge dieser an Ort und Stelle ausgemessenen Basis und ihrer aus allen Visierungen errechneten Länge, die von der in Paris ausgemessenen Basis ausgehen.

Das Ergebnis all dieser Operationen, die sich über mehr als 8 Breitengrade erstrecken, ist nicht schlüssig: es scheint, daß die Erde nicht an den Polen, sondern am Äquator abgeflacht ist, und der Streit zwischen denen, die mit Cassini dieser Ansicht sind, und den Parteigängern von Huygens und Newton wird Ernst. Im Jahre 1735 werden darauf zwei Operationen gleicher Art beschlossen: eine Gruppe von Gelehrten reist mit Maupertuis nach Lappland (in Wirklichkeit an den Bottnischen Meerbusen), um dort die Länge eines Erdgrades zu messen, eine andere mit La Condamine begibt sich nach Peru in die Gegend von Quito, ein Gebiet, das später Ecuador wird, um dort das gleiche zu tun.

Ferner nimmt zwischen 1739 und 1744 ein anderer Abbé, der Geometer, Mathematiker und Astronom ist, Lacaille, alle Messungen der Triangulation von Dünkirchen bis Perpignan noch einmal vor. Anfang Oktober 1739 werden in letzterer Stadt Azimutbeobachtungen angestellt, um ihre Breite festzustellen. Am 16. Oktober 1739 beginnt man mit der Ausmessung einer Basis, beginnend am Bach Toreilles in der Nähe seiner Einmündung ins Meer bis zu einem Graben oder Bach jenseits des Baches Saint-Cyprien. Man glaubt, daß dies die gleiche Basis wie die von 1701 sei. Und Lacaille findet fast den gleichen Unterschied wie früher zwischen der Länge der ausgemessenen Basis und der seit Paris errechneten.

Das Ergebnis der Triangulationen ist diesmal schlüssig: Newton hat recht, da man für den Grad folgende in Kilometer umgewandelte Längen findet: in Lappland 111,9 km und am Äquator 110,6 km.

Ende des 18. Jahrhunderts hat die Konstruktionstechnik geodätischer Instrumente große Fortschritte gemacht, vor allem mit dem Repetitionskreis von Borda. Während der Französischen Revolution beginnen also Gelehrte aufs neue mit der Triangulation auf dem Meridian von Paris, um einen genaueren Wert für die Länge des Erdumfangs auf einem Meridian zu erhalten. Aus dem Viertel dieser Länge will man eine universale und gleiche Maßeinheit für alle Völker ableiten.

Tatsächlich wurde die Entwicklung der Naturwissenschaft, des Handels, der Großindustrie, des Unterrichts durch die Verwendung vieler verschiedener Maßeinheiten erschwert, die sich nicht nur von einem Land zum andern, sondern auch von einer Herrschaft zur andern innerhalb desselben Landes unterschieden. Um diese Einheiten zu ver-

einheitlichen, sollte nicht eine der bestehenden will-
kürlich ausgewählt und eingeführt, sondern eine
neue geschaffen werden, die man, wenn irgend möglich, der Natur entnehmen wollte, damit sie als
universal betrachtet und von allen ohne Schwierigkeit übernommen werden konnte.

So entstand der Meter zwar unter Schwierigkeiten, wenn man die Verhältnisse berücksichtigt, aber
dennoch unter ruhmvollen Umständen. Als Auguste
Comte dieses Unternehmen später in seinem *Cours
de Philosophie positive* analysierte, sah er darin
ein »denkwürdiges Eingreifen des wahren spekula-
tiven Geistes in die Festsetzung einer Ordnung
menschlicher Beziehungen, wo sie zunächst nicht
hinzugehören schien«: für ihn wird das der Beginn
der Rationalisierung.

Doch es dauert mehrere Jahre, bis das Ende der
Operation erreicht wurde, die Gelehrten werden
aufgehalten und in zahlreichen Dörfern, wo man
sie als verdächtig oder als Zauberer betrachtet, ver-
haftet.

Damit die neue Einheit tatsächlich universalen
Charakter erhält, wird im Jahr 1790 ein Appell
an alle Völker, besonders an England, gerichtet;
doch in Anbetracht der Ereignisse stellt sich England bald taub, vor allem da die französischen
Texte die neuen Maße als »republikanisch« bezeichnen. Indessen nehmen zahlreiche europäische
Gelehrte an der Operation teil, und damit man
später nicht sagen kann, daß die Arbeit allein
auf französischem Boden ausgeführt worden sei,
wird bestimmt, die Triangulation über Perpignan
hinaus nach Süden bis Barcelona fortzusetzen.

Während mehrere Gelehrte, darunter der un-
glückliche Lavoisier, der unter der Guillotine enden
sollte, in Paris bleiben, um zahlreiche Laborato-

riumsarbeiten durchzuführen, werden zwei Gruppen von Topographen gebildet. Die eine, von Delambre geleitet, übernimmt den nördlichen Teil der Triangulation von Dünkirchen bis Rodez. Die andere, von Méchain geleitet, der auch spanische Offiziere angehören, verifiziert den südlichen Teil von Rodez bis Perpignan und führt die Arbeit dann bis Barcelona weiter.

Die beiden Gruppen brechen auf, sobald ihre Instrumente fertig sind – im Juni 1792.

Méchain erkundet seine Stationen in Frankreich, dann reist er nach Spanien, wo er beginnt, die Winkel seiner Dreiecke zu messen. Er beendet die Arbeit Ende Oktober 1792 in Montjuich und bleibt den ganzen Winter in Barcelona, um dort astronomische Beobachtungen zu machen. Im März 1793 wird der Krieg zwischen Frankreich und Spanien erklärt. Die Militärbehörden von Barcelona hindern Méchain daran, nach Frankreich zurückzukehren. Er wird übrigens bald das Opfer eines schweren Unfalls: der rechte Arm wird ihm von dem großen Rad einer Mühle gebrochen. Trotz der Behandlung und einer Rekonvaleszenzzeit, die er im Herbst 1793 im Kurort Caldes verlebt, braucht er zwei Jahre, um den normalen Gebrauch des rechten Armes wiederzuerlangen.

Im Winter 1793/94 nimmt er seine astronomischen Beobachtungen wieder auf und entdeckt zu seinem tiefen Bedauern einen Fehler von drei Bogensekunden in dem Breitenunterschied zwischen zwei Punkten in der Nähe von Montjuich und Barcelona, der einerseits durch Triangulation, anderseits durch astronomische Visierungen entstanden ist. Dieser Fehler, der sich nicht erklären läßt und zunächst geheimgehalten wird, soll das Ende seines Lebens vergiften: er stirbt 1804 in

Castellon de la Plana. In Wirklichkeit war dieser Fehler, wie wir jetzt wissen, nicht auf einen Irrtum zurückzuführen, sondern auf die Abweichung von der Vertikale in der Nähe des Gebirges.

Mitte 1794 erhält Méchain die Erlaubnis, Spanien zu verlassen, muß jedoch nach Italien fahren. Ende September 1794 schifft er sich mit seinem Material nach Livorno ein, zieht dann jedoch nach Genua, wenig interessiert, nach Frankreich zurückzukehren, wo ihm das Schicksal der guillotinierten Lavoisier und de Bailly droht oder das von Delambre, der seine Arbeit einstellen muß.

Méchain reist erst am 13. Thermidor des Jahres III (31. Juli 1795) nach Marseille und nimmt seine Triangulation in Forderal, auf der Breite von Perpignan, wieder auf; das geschieht am 27. Fructidor (13. September 1795). Er arbeitet den ganzen Winter über weiter und hat große Schwierigkeiten des schlechten Wetters wegen.

Er braucht eine Basis, um seine Ergebnisse zu verifizieren; er sucht sie in der Nähe derjenigen von 1701–1739, und er wählt die lange gerade Linie von fast 12 Kilometern zwischen Le Vernet und dem Eingang von Salses, unmittelbar nördlich von Perpignan auf der Straße von Perpignan nach Narbonne. An jedem »Endpunkt« seiner Basis baut er ein Fundament aus Stein und Ziegel, in das eine Kupferplakette eingelassen wird, die genau die Lage des Punktes angibt; sie ist von einer Bleiplatte geschützt und wieder mit Erde bedeckt. Während des Visierens ist jeder Endpunkt – wie auch alle andern Triangulationspunkte – mit einem pyramidenförmigen Gerüst von 8 bis 10 Meter Höhe versehen worden, damit man ihn von weitem sehen kann. Das Gerüst besitzt außerdem eine Plattform, auf der man die Visierinstrumente aufbaut.

Hier folgen die Dreiecksscheitel nördlich und südlich von Perpignan:

das Zeichen auf dem Saint-Pons, dem beherrschenden Punkt des Somail-Gebirges in 1033 m Höhe;

der Pik de Nore in 1210 m Höhe;

der Berg Alaric in 600 m Höhe;

der Turm der Kirche Saint-Vincent in Carcassonne;

der Pik de Bugarach, beherrschender Punkt der Corbières in 1231 m Höhe;

der Berg Tauch in 879 m Höhe, wo man noch heute den »Turm der Geographen« sieht;

der Berg Forceral oder Eremitage Forca Real oder Kapelle Fort Réal in 507 m Höhe;

(diese sieben Punkte gehören noch heute zur Triangulation erster Ordnung);

der Puy de la Stella oder de la Estella oder Puig de l'Estelle in 1738 m Höhe, damals dem Canigou wegen leichterer Zugänglichkeit vorgezogen (heute dient der Canigou als Punkt erster Ordnung);

der Puy Camellas oder Pik Calmellas in 729 m Höhe auf der Grenze oberhalb des Perthus-Hügels;

und in Spanien Nuestra Señora del Monte, Puy-Se-Calm, Roca Corba, Matagalls, Puy Rodos, Monte Matas, Montserrat, Valvidrera, Barcelona, Montjuich. (Heute erfolgt die Verbindung mit dem spanischen Triangulationsnetz über den Gipfel des Canigou und den Pik Salines auf der Grenze, dann Roca Corba und Se Calm.)

Méchain verbindet die beiden Endpunkte seiner Basis mit der Gesamtheit seiner Dreiecke durch Visierungen des Berges Tauch und des Berges Forceral, den Berg Espira als Hilfspunkt. Diese letzten

Operationen nimmt er im Februar und März 1796
mit seinem Gehilfen Tranchot vor. Bei ihren Hori-
zontsuchen beziehen sie einen Punkt ein, der für
kein Dreieck als Scheitel dient, der sie aber dennoch
interessiert, weil er der letzte Punkt bei den Arbeiten ihrer Vorgänger war: es handelt sich um das
Türmchen nordwestlich von dem Turm der Kirche
Saint-Jacques von Perpignan. Doch als sie den
Turm ersteigen wollen, um die umgekehrten Visierungen vorzunehmen, erweist sich das als unmöglich: die Kirche und das Treppenhaus sind vollgestopft mit Pferdefutter und Proviant für die
Armee! Erst am 15. und 25. Thermidor des Jahres
IV (2. und 12. August 1796) können sie ihre Instrumente auf dem Turm installieren.

Vorher, vom 30. Juni bis zum 16. Juli 1796,
waren 152 Winkelmessungen zum Stern Beta im
Kleinen Bären vorgenommen worden – »in dem
Garten des Hauses, das von der Departementsverwaltung besetzt ist« –, um die Breite dieses Punktes zu bestimmen und mit der für den Turm der
Kirche Saint-Jacques gefundenen zu vergleichen.
Méchain hatte festgestellt, daß der Beobachtungs-
punkt im Verhältnis zum Turm 93,5 Klafter weiter nördlich und 391 Klafter weiter westlich lag.
Die Zahlen des Jahres 1739 lauteten: 93,5 und 402:
man darf sagen, daß die Messung zu jener Zeit bereits an der gleichen Stelle vorgenommen wurde,
die heute auf dem Grundstück der Präfektur liegt.

Méchain mißt die Basis von Vernet zum Salses
nicht. Zwei Jahre lang ist er fast untätig und wird
von dem Wunsch gequält, nach Spanien zurück-
kehren zu können, um seine Breitenangaben zu
verifizieren; während dieser Zeit sieht er seine Berechnungen durch und macht Azimut- und Breiten-
beobachtungen in Carcassonne. Delambre, der seine

Arbeiten zwischen Dünkirchen und Rodez beendet
hat, kommt ihm zu Hilfe und trifft am 4. Thermidor
im Jahr VI (22. Juli 1798) in Perpignan ein. Er
macht sich unverzüglich an die Messung der Basis-
länge, nachdem er die von Méchain wohlgeschütz-
ten Endpunkte freigelegt hat. Er beendet die Arbeit
in 51 Tagen, 7 Tage für das Abstecken, 41 für die
eigentlichen Messungen auf dem Boden und 3 mit
heftigem Sturm, der jede Arbeit unmöglich macht.
Sie ist beendet am 1. Komplementärtag des Jahres
VI (17. September 1798). Die Basis hat nach der
Messung eine Länge von 6 006,27 Klafter; ihre
durch die Dreiecke von der Basis Melun aus berech-
nete Länge beträgt 6 006,20 Klafter; der Unterschied von 0,07 Klafter oder 14 Zentimeter ist
unbedeutend, was für diese Zeit bemerkenswert ist.

Delambre schüttet die gemauerten Fundamente
an den beiden Endpunkten der Basis wieder zu und
empfiehlt der Departementsverwaltung und dem
Chefingenieur für die Brücken und Landstraßen
ihre Erhaltung, darauf fährt er zu Méchain nach
Carcassonne zurück. Es fällt ihm schwer, letzteren,
der gern nach Spanien zurück möchte, dazu zu bewegen, nach Paris zurückzukehren, wo sie von den
französischen und ausländischen Gelehrten erwartet werden, die die Arbeiten beenden sollen. Es
bedarf zwei dringender Briefe von Borda und vom
Büro der Längengradmessung, damit sich Méchain
endlich entschließt, und die beiden Geodäten treffen
Anfang Frimaire des Jahres VII (Ende November
1798) in Paris ein. Unverzüglich beginnt die Kom-
mission, die sie erwartet, mit der Verifizierung aller
ihrer Arbeiten.

Um das neue System der Maßeinheiten rascher
einzuführen, hatte mittlerweile das Gesetz vom
1. August 1793 bestimmt, daß die Längeneinheit,

auf Anregung von Borda »Meter« getauft, 3 Fuß
11,44 Linien des Klafters von Peru messen solle,
der das Klaftermaß jener Zeit darstellte (der Klafter hatte 6 Fuß, der Fuß 12 Zoll, der Zoll 12 Linien). Dieser Wert war nach der vorhergehenden
Messung des Meridians von Lacaille zwischen 1739
und 1744 von Dünkirchen bis Perpignan festgelegt
worden.

Die Prüfungen der Gelehrten führten zu folgen-
dem Ergebnis, das in einem Bericht des holländischen Wissenschaftlers van Swinden aufgezeichnet
ist (während ein Bericht des Schweizer Gelehrten
Trallès das Gewicht des Kilogramms bestimmt):
dieser Meter ist zu lang, die Länge des zehnmillion-
sten Teils eines irdischen Meridianviertels beträgt
3 Fuß 11,296 Linien des Klafters von Peru.

Am 4. Messidor im Jahr VII (22. Juni 1799) werden der erste Meterstab und das erste Kilogramm-
gewicht aus Platin von einer Delegation des In-
stituts feierlich dem Rat der Fünfhundert und dem
Rat der Ältesten vorgelegt und danach in den
Nationalarchiven aufbewahrt. Das Gesetz vom
19. Frimaire des Jahres VIII (10. Dezember 1799)
sanktioniert dieses Ereignis.

Das metrische Dezimalsystem gewinnt auf der
ganzen Erde Boden: allmählich nehmen es zahlreiche Staaten an; heute ist es fast überall legal.
Aber die Definition des Meters mußte geändert
werden. Ihn an einen Meridian zu binden, bedeu-
tete, daß sich seine Länge änderte, je nachdem, wo
man diesen Meridian (oder einen andern) mit genaueren Instrumenten maß. Im Hinblick auf die
Notwendigkeit einer wahrhaft internationalen
Maßeinheit bilden mehrere Länder im Jahr 1870
eine internationale Meter-Kommission, die die im
Jahr 1875 unterzeichnete Meter-Vereinbarung

schafft, darauf das Internationale Büro der Gewichte und Maße, das sich im Jahr 1878 im Pavillon Breteuil in Sèvres einrichtet. Im Pavillon Breteuil in Sèvres läßt man im Jahr 1878 Kopien aus Platin herstellen. Man läßt Kopien des Platinmeterstabes aus dem Jahr 1799 aus Platin-Iridium und mit x-förmigem Querschnitt herstellen. Eine dieser Kopien wird im Jahr 1889 zum internationalen Meterstab und im Keller des Pavillons Breteuil aufbewahrt; die andern Kopien dienen als nationale Prototypen in allen großen Ländern. Der nationale französische Meterstab befindet sich im Konservatorium der Künste und Gewerbe.

Nach und nach stellt man fest, daß diese Definition des Meters unzureichend ist; man wünscht eine Genauigkeit, die über die des Stabes hinausgeht (0,2 Mikron). Und da ein einziger Stab als Normalmaß dient, ist dieser gefährdet, und sei es auch nur im Krieg. Der Pavillon Breteuil wurde während der Bombardierungen der verhältnismäßig nahen Renault-Werke beschädigt. Man sucht eine tatsächlich natürliche Definition des Meters, die zudem bis auf den hundertsten Teil eines Mikron genau ist. Deshalb entspricht in Frankreich seit dem Erlaß vom 3. Mai 1961 der Meter 1 650 763,73 Wellenlängen der Strahlung beim Übergang des Atoms Krypton 86 vom Niveau 2p 10 zu 5d 5, im Leeren gemessen.

Wir hätten ohne die hartnäckigen Bemühungen, die Beharrlichkeit, das berufliche Ethos all jener Gelehrter, die auf dem Meridian von Paris und insbesondere im Gebiet von Perpignan, wo ihnen das Gelände die Anlegung einer Basis für die Verifizierung all ihrer Berechnungen erlaubte, mehrmals tausend Gefahren getrotzt haben, um das richtige Maß der Erde, die Bestätigung der Newtonschen

Theorie von ihrer Abplattung und eine Längeneinheit »für alle Zeiten und alle Völker« zu erhalten,
nicht zum Krypton 86 und zu einer Genauigkeit
von einem hundertstel, ja tausendstel Mikron gelangen können.

Louis Marquet

ANHANG 3

Bis zum Tod des Todes...
Es scheint uns nützlich, als Ergänzung des Kapitels über den Ruhm den Mythos des Krieges, des
Blutes und des Todes im Geist der »ewigen Rechten« zu beschwören. In den *Soirées de Saint-Pé-
tersbourg* schreibt Joseph de Maistre:

»Kurz, meine Herren, die Funktionen des Soldaten sind furchtbar; aber sie müssen an einem großen Gesetz der geistigen Welt festhalten, und man
darf sich nicht wundern, daß alle Nationen der
Welt darin übereinstimmen, in dieser Geißel etwas
noch mehr und besonders Göttliches zu sehen als in
den andern; glauben Sie nur, daß es nicht ohne bedeutsamen und tiefen Grund geschieht, wenn der
Titel Herr der Heerscharen auf allen Seiten der
Heiligen Schrift aufleuchtet...

In dem riesigen Bereich der belebten Natur
herrscht eine offensichtliche Gewalttätigkeit, etwas
wie eine vorgeschriebene Raserei, die alle Lebewesen *in mutua funera* bewaffnet: sobald Sie das
Reich des Unbelebten verlassen, finden Sie das Dekret des gewaltsamen Todes auf die Grenzen des
Lebens selbst geschrieben. Schon im Pflanzenreich
beginnt man das Gesetz zu spüren: von der riesigen
Antilleneiche (*Catalpa*) bis zum bescheidensten
Gras, wie viele Pflanzen *sterben*, und wie viele
werden *getötet*! doch sobald Sie in das Tierreich

kommen, tritt die Grausamkeit des Gesetzes unmiß-
verständlich zutage.

Eine Kraft, gleichzeitig verborgen und greifbar,
zeigt sich ständig damit beschäftigt, das Prinzip
des Lebens durch gewaltsame Mittel zu offenbaren.
In jeder großen Klasse des Tierreichs hat sie eine
gewisse Zahl von Tieren ausgewählt, die sie beauftragt, die andern zu verschlingen: so gibt es Raub-
insekten, Raubreptilien, Raubvögel, Raubfische und
vierfüßige Raubtiere. Es gibt nicht einen Augenblick in der Zeit, wo nicht ein Lebewesen vom andern gefressen wird. Über diese zahlreichen Tier-
arten ist der Mensch gesetzt, dessen zerstörende
Hand nichts schont, was lebt; er tötet, um sich zu
ernähren, er tötet, um sich zu kleiden, er tötet, um
sich zu schützen, er tötet, um anzugreifen, er tötet,
um sich zu verteidigen, er tötet, um sich zu unterrichten, er tötet, um sich zu belustigen, er tötet,
um zu töten; der erhabene und schreckliche König
braucht das alles, und nichts widersteht ihm. Er
weiß, wieviel Faß Öl ihm der Kopf des Haifisches
oder des Wals liefert; auf den Karton in den Museen
spießt seine dünne Nadel den zierlichen Schmetter-
ling, den er im Flug auf dem Gipfel des Mont-
blanc oder des Chimborasso gefangen hat; er
stopft das Krokodil aus und balsamiert den Kolibri
ein; auf seinen Befehl stirbt die Klapperschlange in
der konservierenden Flüssigkeit, in der sie unversehrt einer langen Reihe von Beobachtern gezeigt
wird. Das Pferd, das seinen Herrn zur Tigerjagd
trägt, stolziert unter dem Fell des gleichen Tieres:
der Mensch fordert alles zugleich, vom Lamm die
Eingeweide, damit seine Harfe erklingt; vom Wal
die Barten, um das Korsett der heranwachsenden
Jungfrau zu stützen, vom Wolf den mörderischsten
Zahn, um die leichten Kunstwerke zu glätten, vom

Elefanten die Stoßzähne, um ein Kinderspielzeug zu schaffen: sein Tisch ist mit Kadavern gedeckt. Der Philosoph kann sogar feststellen, wie das ständige Gemetzel im großen ganzen vorhergesehen und befohlen worden ist. Aber macht dieses Gesetz vor dem Menschen halt? Gewiß nicht. Doch welches Wesen wird das Wesen auslöschen, das sie alle auslöscht? Er. Der Mensch ist beauftragt, dem Menschen den Hals abzuschneiden. Aber wie kann er das Gesetz erfüllen, er, der ein sittliches und barmherziges Wesen ist, er, der zum Lieben geboren ist, er, der über die andern wie über sich selber weint, der Genuß am Weinen findet und schließlich Dichtungen erfindet, um sich zum Weinen zu bringen, er, endlich, dem man erklärt hat, *daß von ihm auch der letzte Tropfen Blut zurückgefordert werde, den er ungerecht vergossen hat?* Der Krieg ist es, der das *Dekret* erfüllen wird. Hören Sie nicht, wie die *Erde* schreit und Blut fordert? Das Blut der Tiere genügt ihr nicht, nicht einmal das der Schuldigen, das vom Schwert des Gesetzes vergossen wird. Wenn die menschliche Justiz sie alle träfe, gäbe es keinen Krieg; doch sie vermag nur eine kleine Zahl zu erreichen, und oft schont sie selbst diese, ohne zu ahnen, daß ihre leidenschaftliche Menschlichkeit dazu beiträgt, den Krieg notwendig zu machen, vor allem wenn gleichzeitig eine weitere Blindheit, nicht weniger dumm und nicht weniger unheilvoll, daran arbeitet, die Sühne auf der Welt auszumerzen. Die *Erde* hat nicht vergeblich geschrien; der Krieg entbrennt. Der Mensch, plötzlich von *göttlichem* Zorn ergriffen, der nichts mit Haß oder Wut zu tun hat, rückt auf dem Schlachtfeld vor, ohne zu wissen, was er will, ja, was er tut. Was ist das für ein entsetzliches Rätsel? Nichts ist seiner Natur mehr zuwider, und nichts stößt ihn weniger ab: Er tut mit Begeisterung, wovor er Entsetzen hegt. Haben Sie niemals bemerkt, daß der Mensch auf dem Feld des Todes immer gehorcht? Wohl kann er Nerva oder Heinrich IV. niedermetzeln; aber der abscheulichste Tyrann, der frechste Menschenschlächter wird niemals hören: *Wir wollen dir nicht dienen.* Eine Revolte auf dem Schlachtfeld, eine Vereinbarung, sich zusammenzutun und einem Tyrannen abzuschwören, ist eine Erscheinung, die sich in unserer Erinnerung nicht findet. Nichts widersteht der Kraft, nichts kann ihr widerstehen, die den Menschen zum Kampfe treibt; als unschuldiger Mörder, als passives Instrument einer furchtbaren Hand *sinkt er in die Grube, die er selbst gegraben; im Netz, das er gelegt, verfängt sich der eigene Fuß* *; er gibt, er empfängt den Tod, ohne zu ahnen, daß er selbst es ist, der den Tod geschaffen hat.

So erfüllt sich unaufhörlich, von der Pflanze bis zum Menschen, das große Gesetz der gewaltsamen Zerstörung der lebenden Wesen. Die ganze Erde, unaufhörlich in Blut getränkt, ist nur ein ungeheurer Altar, auf dem alles, was lebt, ohne Ende, ohne Maß, ohne Rast hingeschlachtet werden muß bis zur Verzehrung der Dinge, bis zur Auslöschung des Bösen, bis zum Tod des Todes.«

ANHANG 4

Auszug aus dem Vorwort zur ersten Auflage des Essays »Über den Schmerz«, 1848, von Blanc de Saint-Bonnet
Die Liebe ist zu empfindsam geworden, als daß sie das Herz nicht allen Verwundungen in der ganzen

---

* Psalm 9, 16.

Ordnung der Zuneigungen aussetzte, und das Bewußtsein zu aufgeklärt, als daß es sich friedlich in das Erlebnis eines jeden Tages einschlösse. Großmütige Schwärmerei, ungesättigte Liebe, ziellose Begeisterung, aufgepfropft auf geschwächte Willen, alles überfällt uns, und alles bereitet sich darauf vor, uns wie eine innerliche Beute zu verschlingen. Der Mensch fühlt sich belastet von dem Geheimnis seiner Existenz und gleichzeitig von dem immer schwereren Druck seines Herzens.

Allein die Entzückungen eines Glaubens, der leider erlischt, könnten das Herz aus seiner grausamen Unruhe reißen. Tatsächlich vermag sich der Mensch nur aufrechtzuerhalten, wenn er dem Schöpfer immer näherkommt. Er muß sich also klar darüber werden, was er in diesem Leben tun will. Er muß wissen, daß sich seine Seele hier bilden und läutern soll, damit sie eines Tages in die Freuden des höchsten Gutes eingehen kann, was nicht ohne eine Wandlung des Ichs, bewirkt durch die Liebe, möglich ist. Unbedingt muß sich unsere Seele Schritt für Schritt dem Unendlichen schenken, um ein unerschütterliches Bündnis mit ihm eingehen zu können. Die Heiligkeit ist nur die Gabe der menschlichen Persönlichkeit. Doch um sich zu geben, muß man sein; und um ewig zu leben, muß sich diese Persönlichkeit auf das Verdienst stützen. Deshalb gibt es überall Mühe auf der Erde, und deshalb fügt sich der Schmerz so oft zur Mühe... Doch zu dieser Stunde vermehrt sich die Unruhe in der Brust des Menschen, weil er, immer stärker niedergedrückt von seiner eigenen Schwäche, das Ziel seiner Schmerzen aus dem Blick verliert. Er scheint nicht mehr von der Erhabenheit des Daseins überzeugt zu sein; er glaubt nicht mehr fest genug, daß sich das Unendliche ganz dem Werk einer Heiligung öffnet, aus der unsere ewigen Freuden entspringen. Schließlich sieht er nicht mehr, wie das Leben selbst eine so weise Wirkung ausübt. In der Besorgnis, daß sehr viele Menschen ihr Schicksal mit Haß betrachten könnten, muß man ihnen vielleicht das Geheimnis des Lebens neu erklären.

ANHANG 5

Warum Dali an die Hibernation glaubt
In dem Roman *L'Homme à l'oreille cassée* von Edmond About befördert ein Biologe einen vorher eingefrorenen Oberst aus dem Reich und weckt ihn nach mehreren Jahren wieder auf. Das ist bestimmt das erste Mal, daß das Thema der wissenschaftlichen Hibernation in der Literatur auftritt. Der Gedanke war dem Schriftsteller von Claude Bernard eingegeben worden, der in seinem Labor damit experimentierte, Frösche einzufrieren und sie wieder zum Leben zu bringen.

Im Jahr 1860 war die Hibernation nicht mehr als eine Hypothese. Seit etwa fünfzehn Jahren haben mehrere Forscher – unter ihnen an erster Stelle der französische Chirurg Henri Laborit – sie in die Praxis umgesetzt, die heute in der Krankenhaustechnik angewendet wird. Es ist ein verheißungsvoller Weg, der sich Biologie und Medizin bietet.

Die Erkenntnisse der Nachwelt vorwegnehmend, erklärt ein amerikanischer Professor, Robert C. W. Ettinger, in seinem Buch über die Hibernation neuerdings, daß die wissenschaftliche Nutzung der Kälte dem Menschen die Tore zur Unsterblichkeit öffnen könne. Wie Jean Rostand sagt, tut sein amerikanischer Kollege nichts anderes, als daß er sich die Konsequenzen der heutigen wissenschaftlichen Möglichkeiten vorstellt.

Man weiß jetzt, daß die Zelle an sich praktisch unsterblich ist und daß es im menschlichen Körper nicht ein einziges Organ gibt, das endgültig zum Untergang verurteilt wäre. Bereits im Jahr 1930 versuchte der Biologe Metalnikoff, der die Arbeiten von Alexis Carrell wiederaufnahm und weiterentwickelte – Carrell war es gelungen, Zellen, die einem Hühnerembryo entnommen waren, am Leben zu erhalten –, nachzuweisen, daß die Unsterblichkeit potentiell in der Natur bereits vorgegeben sei. Für ihn waren die einfachsten belebten Organismen, die einzelligen Wesen, unsterblich, da sie sich unendlich durch Teilung vermehren. Er folgerte daraus, daß sich diese potentielle Unsterblichkeit auf die höher entwickelten Wesen, die aus zahllosen Zellen gebildet sind, übertragen haben müsse.

Robert C. W. Ettinger faßt das Problem mit dem praktischen Sinn des Amerikaners an: es sei erlaubt, meint er, von Unsterblichkeit zu sprechen, weil sie im Rahmen der Möglichkeiten unserer Technik liege. Wir sind uns dieser Möglichkeit noch nicht bewußt geworden, obwohl es die außergewöhnlichste von allen ist, die unsere Zivilisation bietet. Jedes heute lebende Individuum hat die Aussicht, unsterblich werden zu können. Es genügt, sich einen »Aufschub der Belebtheit« zunutze zu machen, das heißt eine Unterbrechung der Lebensprozesse. Für gewisse primitive Formen des Lebens kann dieser Aufschub der Belebtheit durch einfache Austrocknung hervorgerufen und die Wiederbelebung durch Neuzufuhr von Wasser veranlaßt werden.

Bakterien, die sehr niedrigen Temperaturen ausgesetzt und dann im Luftleeren getrocknet werden – durch Verdampfung des Eises –, können in diesem Trockenzustand über lange Jahre hin am Leben erhalten werden. Die erstaunlichste Entdeckung auf diesem Gebiet ist die fossiler Mikroorganismen, die Professor Dombrowski von der Universität Gießen im Jahr 1959 unter dem Mikroskop an Proben von Steinsalz machte, die mehr als 100 Millionen Jahre alt waren. Diese Proben, die unter völliger Sterilität aufbewahrt, dann in einer Nährflüssigkeit aufgelöst wurden, ließen eine Mikrobenkultur entstehen, die bisher unbekannt war. Dieses in den Salzbergwerken aller Länder wiederholte Experiment ermöglicht es, Wesen zu wecken, sie leben, sich entwickeln und fortpflanzen zu sehen, die im Devon vor 360 Millionen Jahren (Gebiet von Saskatchewan in Kanada) und sogar zu Beginn des Paläozoikums in einem kambrischen Salz des Gebiets von Irkutsk vor schätzungsweise 600 Millionen Jahren lebten. Alles scheint darauf hinzuweisen, daß die Bakterien, die das Regenwasser in große Tiefen hinabspülte, in einem Zustand verlangsamter Lebensprozesse im Augenblick der Kristallisation im Salz eingeschlossen wurden.

Seit mehreren Jahren erlaubt eine Anzahl von Experimenten den Gelehrten die Wahrnehmung, daß der Frost den Ablauf des Lebens über sehr lange Zeiten aufheben kann. Bei sehr niedrigen Temperaturen wird dieser Ablauf so sehr verlangsamt, daß er der Zeit nahezu gar nicht mehr unterworfen ist. Die normalerweise in einer Sekunde verbrauchte Energie hält mehrere Jahrhunderte vor, wenn sich die Temperatur dem absoluten Nullpunkt (−270° C) nähert. Die Reaktionsvorgänge werden im allgemeinen unendlich klein. Die Moleküle sind fast unbeweglich. Die Lebensprozesse der so eingefrorenen Organismen werden bis zum äußersten verlangsamt; sie erstarren oder – korrekter ausgedrückt – werden suspendiert. Die Experimente von

Paul Becquerel an gewissen mikroskopisch kleinen Tierchen, die im Moos leben (Rädertierchen, *Rotatoria*, und Bärtierchen, *Tardigrada*), sind besonders aufschlußreich. Diese Organismen sind in der Lage, über lange Monate eine fast absolute Austrocknung zu überstehen, und können nach der Austrocknung bis in die Nähe des absoluten Nullpunkts eingefroren werden; nach Entfrostung und Rehydrierung kehren sie vollkommen zum Leben zurück. Je nach der gewünschten Dauer des Frostzustands können zwei Verfahren angewendet werden. Auf Grund der angestellten Versuche kann man die Temperatur des flüssigen Stickstoffs (–190° C) benutzen oder die des flüssigen Heliums, die es erlaubt, sich dem absoluten Nullpunkt bis auf einige Grade zu nähern. Hahnensperma, bei –190° eingefroren, ist ein ganzes Jahr lang aufbewahrt und dann sind Hennen damit befruchtet worden. Diese legten darauf normale Eier, aus denen normale Küken schlüpften.

Stiersamen wurde auf die gleiche Weise behandelt und nach sieben Jahren erfolgreich verwendet. In allen Ländern der Erde werden täglich Experimente dieser Art vorgenommen. Sie haben weniger das Ziel, die Anwendbarkeit der Hibernation zu verbreitern – diese ist jetzt anerkannte Gewißheit –, als die Einfriertechnik zu verbessern. Der heutige Zustand der Forschung veranlaßt Professor Robert C. W. Ettinger zu der Erklärung, daß die Unsterblichkeit *schon jetzt* eine Realität für den Menschen sei. Um diese Behauptung aufzustellen, stützt er sich auf eine Tatsache und eine Annahme.

Die Tatsache ist, daß es jetzt bereits möglich ist, eine Leiche in flüssigem Helium für unbegrenzte Zeit zu konservieren.

Die Annahme ist, daß es der Medizin – aufgrund der Schnelligkeit ihrer Fortschritte seit einem Jahrhundert – eines Tages gelingen wird, alles zu heilen.

Das wichtigste für den heutigen Menschen ist es also, Vorkehrungen dafür zu treffen, daß er in einer Art von Superkühlschrank unmittelbar nach seinem Ableben in eine Konserve verwandelt wird. Im Augenblick des Todes sind die Zellen noch lebendig. Es genügt, ihren Zerfall zu verhindern, indem man sehr schnell handelt. Heparininjektion, um die Blutgerinnung zu verhindern, künstliche Beatmung von Mund zu Mund, äußere Herzmassage, um die Sauerstoffversorgung des Blutes aufrechtzuerhalten, erlauben schon jetzt, die Schäden erheblich einzuschränken. Der Patient wird zunächst in Trockeneis eingefroren, ehe er endgültig in eine versiegelte Kapsel gelegt wird, die an eine Quelle von flüssigem Stickstoff angeschlossen ist. Dann sinkt die Temperatur bis zum absoluten Nullpunkt. Eines Tages wird man dahin gelangen, die Schäden zu beheben, die den Tod zur Folge hatten, ein normales biologisches Gleichgewicht herzustellen und den Organismus wiederzubeleben. Für den Augenblick ist das wichtige, daß man so weit ist, die Zeit für die eingefrorenen Menschen arbeiten zu lassen. Wichtig ist ferner, den Tod als einen einfachen Unfall zu betrachten und ihn in eine Lethargie von einigen Jahren oder Jahrhunderten zu verwandeln. So lauten wenigstens die Erklärungen von Robert C. W. Ettinger, der meint, daß alle technischen Probleme, die sich bei der Einfrierung einer Leiche stellen, theoretisch gelöst sind.

Da unser Organismus zum größeren Teil aus Wasser besteht, ergibt sich die Gefahr, daß bei sehr tiefer Temperatur die Eiskristalle die Zelle beschädigen könnten. Wenn die Einfrierung sehr langsam vor sich geht, wird dieses Risiko vermindert.

Der Biologe erklärt, daß sich wunderlicherweise unter diesen technischen Bedingungen das Wasser von der Zelle trennt und sich nur in den Interzellularräumen zu Kristallen formt. Anderseits hat Jean Rostand nachgewiesen, daß es bei Fröschen möglich war, diese Gefahren noch durch Infiltrationen von Glyzerin zu verringern.

Das Glyzerin sorgt dafür, daß sich das Gefrieren reibungslos vollzieht. Die Eiskristalle bleiben sozusagen weich und können die Gewebemembranen nicht mehr schädigen.

Nach neuesten Ergebnissen werden die Zellen jedoch weniger durch solch einen mechanischen Druck der Eiskristalle betroffen als durch den Austritt des Wassers aus den Zellen. Das Wasser in einem lebenden Organismus ist niemals rein. Die Konzentration der Mineralsalze in den nicht gefrorenen Körperflüssigkeiten kann einen so hohen Grad erreichen, daß Veränderungen des pH-Werts äußerst gefährlich für die Zelle werden. Alles hängt von der Temperatur ab, in die der Organismus gebracht wird. Bei sehr niedriger Temperatur scheint es zu einem chemischen »Schweigen« zu kommen. Die wesentliche Schwierigkeit besteht darin, das Gebiet von 0 bis −40° möglichst rasch zu überwinden. Für diesen heiklen Übergang scheint Glyzerin ebenfalls große Hilfe zu leisten. Es verdünnt die hypertonischen Salzkonzentrationen und mildert den osmotischen Schock. Übrigens haben die Biologen wahrgenommen, daß gewisse Insekten ihren Glyzeringehalt spontan erhöhen, wenn sie sich sehr niedrigen Temperaturen gegenüberfinden.

Dank der hochentwickelten Technik haben der Jugoslawe Giaja und sein Schüler, Professor Anjus, Ratten wieder zum Leben erweckt, die bei −6° eingefroren gewesen waren. Der Franzose Louis Rey von der École Normale Supérieure hat ein Hühnerherz in flüssigen Stickstoff getaucht und konnte es wiederbeleben. Schließlich hat der russische Biologe Losinalojenski zwanzig Schmetterlingsraupen in flüssigem Helium – das heißt bei −269° – eingefroren. Dreizehn davon konnten ins Leben zurückgeführt werden und ihre Entwicklung weiter fortsetzen. In den heutigen Laborexperimenten sind die Gefahren für die Versuchskaninchen bei der Wiedererwärmung weit größer als beim Einfrieren. Für Professor Ettinger ist es wichtiger, heute das Einfrieren des menschlichen Organismus genau zu verstehen. Das Problem der Wiedererwärmung stellt sich erst, wenn die Medizin in der Lage sein wird, Krebs zu heilen, jedes beliebige Organ auszuwechseln und die Zellen zu verjüngen.

Nach den Statistiken belaufen sich die Kosten für ein klassisches Leichenbegängnis in Amerika auf annähernd tausend Dollar. Bisweilen können sie bis auf sechstausend ansteigen.

Professor Ettinger, der keine Bedenken sieht, von einem allgemeinen Überblick unvermittelt zur Theorie und von der Theorie zum Praktischen überzugehen, hält sich an diese Durchschnittssumme von tausend Dollar. Davon ausgehend wählt er sofort die beste und teuerste Methode der Hibernation: das Einfrieren in flüssigem Helium, was eine Ausgabe von 1250 Dollar erfordert. Dieser ersten Investierung muß man die Kosten für die Ersetzung des verdampften Heliums und die für die Unterhaltung hinzurechnen: etwa 480 Dollar im Jahr. In einem Kollektivmausoleum könnte diese Summe auf etwa 200 Dollar gesenkt werden. Diese jährlichen Ausgaben lassen sich nur durch die Einkünfte eines Kapitals decken, das vor dem Verscheiden für diesen Zweck festgelegt wird. Wenn man 3 % Zinsen annimmt, ist ein Kapital von etwa 7000 Dollar notwendig. So schätzt Professor Ettinger für den Kauf eines Grabgewölbes, die Unterhaltungskosten und eine Sicherheitsmarge eine Minimalsumme von 8500 Dollar als notwendig, die jeder heute für sein Auferstehungsbudget bereitstellen müsse.

Professor Ettinger denkt an die Gründung einer Gesellschaft künftiger Unsterblicher, die neben den Krankenhäusern eine Reihe eisiger Schlafsäle errichtet. Die Schulen für Einbalsamierer, die in den Vereinigten Staaten aus dem Boden geschossen sind, würden durch Schulen für Einfrierer ersetzt. Der Professor meint, daß diese Mausoleen die Bindungen zwischen Menschen verschiedener Generationen enger machen würden. Tatsächlich haben bereits über siebenhundert Personen Anträge auf Einfrierung bei der Life Extension Society (LES) in Washington gestellt. Diese Gesellschaft, Hauptbeschäftigung ihres Förderers Ev. Cooper, zählt heute zahlreiche Zweigstellen in den Vereinigten Staaten und »Koordinatoren« auf der ganzen Welt. Anderseits bieten jetzt mehrere Unternehmen der Tiefkühlindustrie an, tiefgekühlte unterirdische Totengrüfte zu bauen.

Außer den rein biologischen Problemen, die das Programm des Einfrierens oder richtiger der »suspendierten Belebung« von Professor Ettinger stellt, ergeben sich, falls es sich als durchführbar erweisen sollte, Fragen im Hinblick auf die philosophischen, religiösen und juristischen Grundlagen unserer Zivilisation. Es würde sich darum handeln, auf diesen Gebieten eine wahrhafte Umkehr des Geistes zuwege zu bringen. Die Kirche hätte, wie es scheint, kaum Gründe, dieses Unternehmen abzulehnen. Ein Theologe, der dazu befragt wurde, äußerte keinen Widerstand: »In der Theorie würde die Kirche

ein Abenteuer nicht verurteilen können, das auf
rein wissenschaftlicher Ebene liegt. Tatsächlich hat
ja niemand behauptet, daß der Wiederauferweckte,
vorausgesetzt, daß er wirklich wiederbelebt werden
sollte, niemals stürbe.«

Professor Ettinger läßt die Probleme nicht außer
acht, die sich heute durch die Übervölkerung stellen. Aber er nimmt an, daß es sich dabei um vor-
übergehende Schwierigkeiten handelt. Eine weltum-
fassende Geburtenkontrolle werde bald organisiert
werden. Anderseits wird sich die fernere Zukunft
wesentlich von der Gegenwart unterscheiden. Der
Kosmos ist ein Gebiet, das vollständig kolonisiert
werden kann. Seine Rohstoffe sind unerschöpflich.
Medizin und Biologie, die fähig sein werden, kranke
Organe von künftigen Eingefrorenen auszutau-
schen, Greise aus den Eismausoleen zu verjüngen,
werden ebenso in der Lage sein, »Übermenschen«
zu schaffen. Der amerikanische Professor versichert,
daß sich zahllose Lösungen für Probleme finden
lassen werden, die heute unlösbar zu sein scheinen.
Die Schwierigkeit wird wahrscheinlich die sein, sich
auf das Niveau einer völlig neuen Zivilisation zu
erheben und sich ihr anzupassen. Deshalb rät die
Life Extension Society, im Letzten Willen perio-
dische Erweckungen zu fordern, die den Übergang
erleichtern. Diese periodischen Erweckungen umfassen veritable Séancen der »Recyclage«, die
gleichzeitig erlauben würden, festzustellen, ob die
neuen Generationen alle wünschenswerte Sorgfalt
auf die Heliumsärge verwenden. Folgendes scheint
der erste Schluß aus den Theorien von Robert C.
W. Ettinger zu sein: es war gefährlich zu leben; es
wird gefährlich zu sterben …

Man müsse sich in der Tat, sagt er, etwa wegen
einer Übervölkerung oder wegen eines Massen-

wahns auf die Gefahr eines großen Leichengemetzels gefaßt machen ...

Das sind in großen Zügen die Thesen des optimistischen Professors, dem es gelungen ist, die gleiche Unruhe anzufachen wie Aldous Huxley ...

Was die französischen Biologen darüber denken
JEAN ROSTAND
Er hat nicht nur zu der französischen Ausgabe des Werkes von Professor Robert C. W. Ettinger das Vorwort geschrieben, sondern auch zur amerikanischen. Er hat jedoch den Eindruck, daß der amerikanische Forscher Probleme für gelöst oder in nächster Zukunft für lösbar hält, deren sich die Techniker der Hibernation und des Einfrierens gerade erst bewußt geworden sind. Zweifellos werden sich andere, sehr viel kompliziertere Fragen ergeben, ehe die Auferstehung von eingefrorenen Greisen oder Kranken in den Bereich der Möglichkeit rückt.

Jean Rostand hatte sich früher vorgestellt, daß ein Mensch, bei dem es gelänge, jede einzelne Zelle in eine geeignete Kulturflüssigkeit zu legen, praktisch unsterblich würde. Nachdem er die These von Professor Ettinger kennengelernt hatte, erklärte er: »Er geht nur ein klein wenig weiter, als ich es getan habe. Er führt die logischen Konsequenzen dessen, was wir wissen, nur bis zum Äußersten fort.«

Der französische Biologe ist einer der ersten gewesen, der an die Bedeutung der Kälte für die Zukunft der Medizin und Biologie glaubte. Bereits im Jahr 1946 teilte er in einem Brief an die Akademie der Wissenschaften mit, daß es ihm gelungen sei, Froschsperma bei −6° zwanzig Tage lang lebendig zu erhalten (statt gewöhnlich einige Stunden), indem er ihm einfach ein wenig Glyzerin zufügte.

Dr. Henri Laborit

Vor zwölf Jahren etwa führte Henri Laborit die Hibernation ein. Davon ausgehend, daß in einem belebten Organismus der Sauerstoffbedarf mit sinkender Temperatur abnimmt, sah er darin eine entscheidende Technik für die Zukunft der Chirurgie. Die ersten Anwendungen haben ihm recht gegeben.

Indem Dr. Laborit die Temperatur des Organismus von 37° auf 30° senkte, verlängerte er die Frist, die den Gehirnzellen nach dem völligen Stillstand des Herzens gegeben ist, bis auf 15 Minuten. Die Gehirnzellen überleben normalerweise kaum 2 Minuten. Dank der Herz-Lungen-Maschine ist es seither gelungen, bis auf 10° herunterzugehen, womit der Chirurg für seine Operation praktisch unbegrenzte Zeit erhält. Doch diese Apparatur ist kompliziert. Außerdem möchte Laborit gern »auf natürliche Weise« bis zu diesen 10° heruntergehen, während normalerweise das Herz bei 25° aufhört zu schlagen. Die überwinternden Tiere gelangen spontan bis zu dieser Temperatur.

Dr. Laborit steht den Plänen von Professor Ettinger ziemlich skeptisch gegenüber. »Seit zwanzig Jahren arbeite ich jeden Tag mit meinem Gehirn und meinen Händen daran, die Probleme der Unterkühlung zu lösen, und ich liebe Träume von Romanschriftstellern ganz und gar nicht«, erklärt er. Er sieht in den Äußerungen des amerikanischen Gelehrten tatsächlich in erster Linie Träumereien. Außerdem muß man hier vermerken, daß sich Professor Ettinger erst seit einigen Jahren mit Biologie beschäftigt. Er ist als Physiker ausgebildet und hat an der Universität Highland Park College im Staat Michigan Astronomie und Mathematik gelehrt. Anderseits betont er selbst den Unterschied zwischen der Hibernation (Überwinterung), die darauf abzielt, die Körpertemperatur nur um einige Dutzend Grad zu senken, und dem Einfrieren, das darin besteht, einen Organismus in eine Lösung zu tauchen, deren Temperatur sich dem absoluten Nullpunkt nähert.

Dr. Louis Rey

Dr. Louis Rey hat in seinem Laboratorium in der École Normale Supérieure viel an den Problemen und Möglichkeiten des Einfrierens lebender Organismen gearbeitet. In dem Werk von Professor Ettinger finden sich zahlreiche Referenzen seiner Arbeiten. Im Jahr 1958 hat er als einer der ersten den Schritt zwischen der langsamen Hibernation und dem raschen Einfrieren getan, als er das Herz eines Hühnerembryos in flüssigen Stickstoff legte. Das Herz, das hart wie Stein geworden war, fing, als es auf 37° erwärmt worden war, an, wieder normal zu schlagen.

»Es bestehen sehr ernste Gründe für die Annahme, daß man dank künftigen Forschungen einen glücklichen Gleichgewichtszustand finden kann«, schreibt er, »... damit die Konservierung des Lebens ermöglicht wird. Einmal in den thermischen Schacht niedriger Temperaturen getaucht, können die gefrorenen Gewebe unbeschränkte Zeit konserviert werden... Wir sind in die Zone der totalen Stabilität eingetreten, denn ohne Zuführung äußerer Energie wird dieses unbewegliche System endlos unbeweglich bleiben.«

Trotzdem erscheinen ihm die von Professor Ettinger vorgetragenen Gedanken nicht ausgereift. Wenn wir es auch verstehen, die Gewebe zu konservieren, so doch nur, wenn sie voneinander getrennt sind. Jedes Gewebe erfordert eine besondere Imprägnationstechnik (durch den schützenden Körper) wie auch ein besonderes Verfahren des Einfrierens, der Konservierung und des Auftauens. Wir wissen noch nicht, wie die einander widersprechenden Bedürfnisse der Gewebe desselben Organismus miteinander in Einklang zu bringen sind. Entsprechend weigert sich Louis Rey, von Unsterblichkeit durch Kälte zu sprechen. »Es wäre falsch«, schreibt er, »wenn man behaupten wollte, daß die bis zum absoluten Nullpunkt eingefrorenen Gewebe damit Unsterblichkeit erhalten hätten. Das ist insofern undenkbar, als sie physisch in diesem besonderen Zustand aufgehört haben zu bestehen und nichts mehr sind als ein Materiekondensat, das außerhalb der Zeit gestellt worden ist und sich deshalb jeder auch nur tastenden Analyse entzieht.« Für diesen Biologen ist das Leben nicht suspendiert worden, es ist verschwunden. »Dennoch erscheinen die experimentellen Fakten als phantastisch, denn das, was man beim Entfrosten beobachtet, ist nicht mehr eine einfache Wiederbelebung, sondern ein wirkliches Entstehen des Lebens aus einem gewiß bevorrechtigten, aber leblosen Zustand... Dank der Einfrierung ist es möglich gewesen, eine Muschel völlig unversehrt zu präparieren, aus der das Leben verschwunden war, in der jedoch während des Entfrostens neues Leben zu strömen beginnt, das in der Wärme der thermischen Energie entsteht.«

Das sind die ungewöhnlichsten Stellen, die bisher über diese Frage geschrieben worden sind.

DIE VERWIRRENDSTE TATSACHE

Sie stammt aus dem Februar 1963. Ein Molch, der gefroren in den Gletschern des Pamir gefunden wurde und den die Spezialisten auf fünftausend Jahre datierten, soll wiederbelebt worden und zwölf Stunden am Leben geblieben sein.

Das wäre also das erste Wirbeltier, das eine so intensive und so lange Einfrierung überstanden hat. Die Verworrenheit der aus Moskau gekommenen Telegramme erlaubt es jedoch nicht, diese Tatsache für unbedingt wahr zu halten.

DIE SCHLÜSSIGSTEN EXPERIMENTE

Dreizehn Schwangerschaften konnten mit eingefrorenem menschlichem Sperma erzielt werden, das bei der Temperatur von flüssigem Stickstoff konserviert worden war; die Dauer der Konservierung war dabei ohne Einfluß (E. Steinberger und W. H. Perloff, *Amer. J. Obstetr. Gynecol.* 1965, 92, Nr. 4, S. 577–79). Drei Schwangerschaften, die zur Geburt normaler Kinder führten, konnten schon im Jahr 1953 von den Amerikanern Bunge und Sherman durch künstliche Befruchtung mit menschlichem Sperma erzielt werden, das länger als einen Monat bei −79° konserviert worden war.

Menschliche Ovula, in Glyzerin eingefroren und auf eine Temperatur von −196° gebracht, können überleben und sich nach Befruchtung teilen (Burkes, *Medical World News*, 5. März 1965, Band 6, Nr. 8, S. 35).

Der erste »Aufschub der Belebung« von langer Dauer, gefolgt von einer Wiederbelebung bei einem Säugetiergehirn:

Professor I. Suda und die Doktoren K. Kito und C. Adachi von der Universität Kobe, Japan, haben ein Katzengehirn wiederbelebt, nachdem sie es bei −20° gehalten, *in vitro* isoliert und länger als sechs Monate eingefroren gelassen hatten. Eine normale elektrische Tätigkeit konnte nach dem Auftauen und einer Neuzuführung von Flüssigkeit festgestellt werden (*Nature*, 15. Oktober 1966).

DIE AUFFALLENDSTE NACHRICHT
Die erste Einfrierung eines Menschen in der Geschichte: die Leiche von Dr. James H. Bedford, Psychologieprofessor, gestorben mit dreiundsiebzig Jahren an Leberkrebs. Am 12. Januar 1967 wurde sein Leichnam in Glendale, Kalifornien, durchschwemmt, in Trockeneis abgekühlt und danach eingefroren. Er ruht heute in einem Bad von flüssigem Stickstoff in einer versiegelten Kapsel. Die Doktoren Dante Brunol, Biophysiker, und B. Renault Able, ebenfalls Physiker, sowie Robert Nelson von der Cryonic Society in Kalifornien haben die Operation nach den Anweisungen von Professor Ettinger vorgenommen.

Die Angehörigen von Dr. Bedford planen heute ebenfalls, sich im Augenblick ihres Todes einfrieren zu lassen (*Life* vom 20. Februar 1967).

ANHANG 6

Zwei Essays von Dali über das schöpferische Denken

Im Jahr 1930 schrieb Dali folgende zwei Essays sowie ein langes Gedicht, inspiriert von einem Felsen am Kap Creus, der das Thema eines seiner berühmten Gemälde – *Le grand Masturbateur* – bildet. Die Texte wurden von Gala zusammengefaßt und in einer heute vergriffenen Broschüre mit dem Titel *La femme visible* (Éditions surréalistes, Paris) veröffentlicht.

Liest man diese Essays, so bestätigt sich die Kontinuität in der Einstellung Dalis.

I

Eine Tätigkeit von sittlicher Tendenz könnte von dem leidenschaftlich paranoischen Willen, das Verworrene in ein System zu fassen, hervorgerufen werden.

Schon das Faktum der Paranoia und vor allem die Betrachtung ihres Mechanismus als Kraft und Potenz führt uns zu den Möglichkeiten einer geistigen Krise von vielleicht gleichwertiger Ordnung, jedenfalls aber zum völligen Gegensatz jener Krise, der uns das Faktum der Halluzination ausliefert.

Ich glaube, der Augenblick ist nahe, wo es durch einen Denkprozeß paranoischen und aktiven Charakters möglich wird (zugleich mit dem Automatismus und andern Passivzuständen), das Verworrene in ein System zu fassen und damit zum völligen Verruf der Welt der Wirklichkeit beizutragen.

Die neuen Trugbilder, die das paranoische Denken plötzlich erscheinen lassen kann, haben nicht allein ihren Ursprung im Unbewußten, sondern diesem Unbewußten wird außerdem die Kraft der paranoischen Fähigkeiten dienstbar gemacht.

Diese neuen bedrohlichen Trugbilder agieren geschickt und zersetzend mit der Klarheit der physikalischen und alltäglichen Scheinwelt und lassen uns infolge der ihr eigenen Sittlichkeit über den alten metaphysischen Mechanismus nachsinnen, den wir gern mit dem Wesen der Natur selbst verwechseln, die sich laut Heraklit zu verbergen liebt.

Ganz im Gegensatz zum Einfluß jener sinnlichen Erscheinungen, an die sich die Halluzination als mehr oder weniger gebunden betrachten kann, bedient sich die paranoische Tätigkeit stets kontrollierbarer und erkennbarer Materialien. Es ge-

nügt, wenn der Deutungswahn so weit gelangt ist,
daß er den Sinn der Darstellungen verschieden-
artiger Gemälde, die eine Wand bedecken, miteinander in Verbindung bringt, damit niemand mehr
die reale Existenz dieser Verbindung leugnen kann.
Die Paranoia bedient sich der äußeren Welt, um die
fixe Idee nutzbar zu machen, und zwar mit einer
so verwirrenden Eigenart, daß sie die Realität dieser Idee für die andern gültig macht. Die Realität
der Außenwelt ist Veranschaulichung und Beweis
und dient der Realität unseres Geistes.

Alle Ärzte anerkennen übereinstimmend die
Schnelligkeit und den unvorstellbaren Scharfsinn,
die beim Paranoiker so häufig sind und die ihn,
indem er sich Motive und Tatsachen von einer Feinheit zunutze macht, wie sie von normalen Menschen
übersehen werden, zu Schlüssen gelangen lassen, die
oft gar nicht zurückzuweisen oder abzulehnen sind
und jedenfalls nahezu immer der psychologischen
Analyse trotzen.

Durch einen eindeutig paranoischen Prozeß ist es
möglich gewesen, ein doppeltes Bild zu erhalten, das
heißt die Darstellung eines Gegenstands, die ohne
die geringste figürliche oder anatomische Modifizie-
rung gleichzeitig die Darstellung eines andern, völlig verschiedenen Gegenstands ist, auch sie ohne jede
Formveränderung oder Anomalität, die irgendeine
Überarbeitung ans Licht bringen könnte.

Ein solches doppeltes Bild zu erhalten ist dank
der Kraft des paranoischen Denkens möglich geworden, das sich mit List und Geschicklichkeit der notwendigen Menge von Vorwänden, Zufällen usw.
bedient, indem es sie alle dazu benutzt, das zweite
Bild erscheinen zu lassen, das in diesem Fall den
Platz der fixen Idee einnimmt.

Dieses doppelte Bild (für das man als Beispiel etwa das Bild eines Pferdes nimmt, das gleichzeitig das einer Frau ist) kann weitergeführt werden, indem man den paranoischen Prozeß fortsetzt; dann genügt das Vorhandensein einer weiteren fixen Idee, damit eine dritte Abbildung erscheint (beispielsweise die eines Löwen), und so fort bis zum gemeinsamen Auftreten einer ganzen Reihe von Bildern, deren Zahl einzig und allein von der Stärke der paranoischen Fähigkeiten des Denkens begrenzt wird.

Ich unterziehe eine derartige geistige Krise, die ein solches Bild hervorrufen kann, der materialistischen Prüfung; dieser Prüfung unterziehe ich außerdem das noch kompliziertere Problem, zu erfahren, welches dieser Bilder größere Existenzmöglichkeiten besitzt, wenn man sie dem Eingriff der Begierde aussetzt, und ebenfalls das schwere und allgemeinere Problem, ob nämlich die Reihe dieser Darstellungen einer Beschränkung unterworfen ist oder ob vielmehr, was zu glauben wir allen Grund haben, eine solche Beschränkung nicht oder, richtiger, lediglich als Funktion der paranoischen Fähigkeiten eines jeden einzelnen existiert.

All das (angenommen, daß keine weiteren allgemeinen Gründe mitspielen) erlaubt mir mindestens zu behaupten, daß sogar die Darstellungen der Wirklichkeit von dem Grad unserer paranoischen Fähigkeit abhängen und daß gleichwohl theoretisch ein in ausreichendem Maß mit dieser Fähigkeit ausgestatteter einzelner nach seinem Begehren sehen könnte, wie sich die Form eines der Realität entnommenen Gegenstandes allmählich verändert, genau wie im Fall der absichtlichen Halluzination, jedoch mit dem Unterschied, daß es sich hier um eine gewichtigere Ordnung handelt, und zwar in dem zerstörerischen Sinn, daß die verschiedenen Formen, die der in Frage stehende Gegenstand annehmen kann, für alle erkenn- und kontrollierbar sind, sobald der Paranoiker sie nur angezeigt hat.

Der paranoische Mechanismus, durch den das Bild mit den vielfältigen Gestaltungen entsteht, bietet der begrifflichen Fassungskraft den Schlüssel für das Entstehen und den Ursprung der Natur der Trugbilder, deren Gewalt den Aspekt beherrscht, unter dem sich die vielfältigen Erscheinungen des Konkreten verbergen. Gerade aus der Gewalt und der traumatischen Natur der Trugbilder gegenüber der Wirklichkeit und aus dem Fehlen auch der leichtesten Osmose zwischen dieser und den Trugbildern schließen wir auf die (dichterische) Unmöglichkeit jeder *Vergleichs*-Ordnung. Es gäbe überhaupt nur die Möglichkeit, zwei Dinge zu vergleichen, wenn lediglich das Nichtvorhandensein irgendeiner Bezugsordnung zwischen ihnen – ob bewußt oder unbewußt – vorstellbar wäre. Ein solcher greifbar gemachter Vergleich würde uns mit Deutlichkeit die Vorstellung veranschaulichen, die wir uns vom Grundlosen gemacht haben.

Gerade wegen ihres mangelnden Zusammenhangs mit der Wirklichkeit und gerade weil es etwas Grundloses in ihrem Vorhandensein geben kann, vermögen die Trugbilder leicht die Form der Wirklichkeit anzunehmen und diese sich wiederum der Gewalt der Trugbilder anzupassen, die das materialistische Denken schwachsinnigerweise mit der Gewalt der Wirklichkeit verwechselt [*].

[*] Ich habe hier besonders die materialistischen Vorstellungen von Georges Bataille im Auge, doch im allgemeinen ebenso den ganzen alten Materialismus, den dieser Herr senilerweise zu verjüngen behauptet, indem er sich ohne jede Begründung auf die moderne Psychologie stützt.

Nichts kann mich daran hindern, das vielfältige Vorhandensein der Trugbilder im Beispiel des vielfältigen Bildes zu erkennen, selbst wenn einer seiner Zustände das Aussehen eines verwesenden Esels annimmt und selbst wenn ein solcher Esel wirklich und entsetzlich verwest ist, von Tausenden von Fliegen und Ameisen bedeckt; und wie man in diesem Fall die Bedeutung der verschiedenen Zustände des Bildes außerhalb des Zeitbegriffs aus sich selbst heraus nicht mutmaßen kann, wird mich nichts davon überzeugen, daß diese grausame Verwesung des Esels etwas anderes sei als der blendende und harte Reflex neuer kostbarer Edelsteine.

Und wir wissen nicht, ob sich hinter den drei großen Trugbildern, die der Kot, das Blut und die Verwesung sind, nicht gerade die *begehrte* »Erde mit dem Schatz« verbirgt.

Als Kenner der Trugbilder haben wir vor langer Zeit gelernt, das Bild der Begierde hinter den Trugbildern des Entsetzens und sogar das Erwachen der »Goldenen Zeitalter« hinter den schimpflichen skatologischen Trugbildern zu erkennen.

Die Anerkennung der Trugbilder, deren Realität krampfhaft darauf abzielt, die Scheinbilder zu imitieren, führt uns zur *Begierde* nach den *idealen* Dingen.

Vielleicht hat kein Trugbild Übereinstimmungen geschaffen, auf die das Wort *ideal* genauer zutrifft, als das große Trugbild, das die umstürzende ornamentale Architektur des Modern Style darstellt. Keine gemeinsame Anstrengung ist dahin gelangt, eine ebenso reine und ebenso verwirrende Traumwelt zu schaffen wie diese Bauten des Modern Style, die am Rand der Architektur für sich selbst wahre Verwirklichungen verfestigter Begierden darstellen, wo der gewalttätigste und grausamste Automatismus schmerzlich den Haß auf die Wirklichkeit verrät und das Bedürfnis, in eine ideale Welt zu flüchten, auf die Weise, wie es in einer Kindheitsneurose geschieht.

Das ist etwas, was wir noch lieben können, der imposante Block dieser wahnsinnigen, in ganz Europa verstreuten kalten Bauten, die von den Anthologien und Abhandlungen verachtet und vernachlässigt werden. Dies reicht, um es unsern Ferkeln von zeitgenössischen Ästhetikern, den Verteidigern der widerwärtigen »Art moderne« entgegenzuhalten, ja, es genügt sogar, um es der gesamten Kunstgeschichte entgegenzuhalten.

Es ist angebracht, den Kunstkritikern, Künstlern usw. ein für allemal zu sagen, daß sie von den neuen surrealistischen Bildern nichts anderes zu erwarten haben als Täuschung, schlechten Eindruck und Abweisung. Völlig am Rand der plastischen Forschungen und anderer »Blödheiten« werden die neuen Bilder des Surrealismus immer stärker die Formen und Farben der Demoralisierung und der Verworrenheit annehmen. Der Tag ist nicht mehr fern, wo ein Gemälde den Wert und allein noch den Wert eines einfachen sittlichen Aktes und trotzdem den eines einfachen zweckfreien Aktes haben wird.

Die neuen Bilder werden als funktionelle Form des Denkens den freien, abschüssigen Weg der Begierde nehmen, wobei sie gewaltsam zurückgedrängt werden. Die tödliche Aktivität dieser neuen Bilder kann, entsprechend andern surrealistischen Tätigkeiten, noch zur Vernichtung der Wirklichkeit zugunsten all dessen beitragen, was uns quer durch die niederträchtigen und widerwärtigen Ideale aller Art, der ästhetischen, humanitären, philosophischen usw., zu den klaren Quellen der Masturbation, des Exhibitionismus, des Verbrechens, der Liebe zurückführt.

Idealisten, die sich an keinerlei Ideal beteiligen. Die idealen Bilder des Surrealismus im Dienst der unmittelbar bevorstehenden Bewußtseinskrise, im Dienst der Revolution.

II

In dem Augenblick, wo die Tatsache, am Zeugnis unserer Sinne zu zweifeln, die systematische Form eines unerbittlichen Prozesses angenommen hat, von dem wir nur die Zerstörung und die bedingungslose Kapitulation der Realität erwarten können, ist es seltsam, die Verzögerung des dichterischen Denkens zu beobachten, das in psychoanalytischer Hinsicht ohne Übertreibung als dem seelischen Konflikt vorausgehend betrachtet werden kann, da ein solches Denken als Grundlage und als einziges Kriterium die einfachsten psychischen Reaktionen auf die Sensationen hat. Der im dichterischen Denken beharrende Impressionismus ist auf eine partielle und gleichsam nur die Haut berührende Weise in der gesamten antiintellektualistischen Tendenz in Erscheinung getreten, besonders von der ionisierten Seite der Ideen Bergsons her; es versteht sich von selbst, daß uns diese Ideen nur wenig reizen können, genau wie im allgemeinen all das, was sich unmittelbar einem biologischen Apriorismus anzupassen vermag. Dagegen hätten wir uns mit sehr viel weniger Skrupeln bereit gefunden, uns auf Pythagoras zu berufen, wenn das bedauerliche oder einfach idiotische kubistische Experiment Reverdys nicht genügt hätte, um uns die moralische Unfähigkeit zu enthüllen, in der man sich befindet, wenn man sich der Zweckfreiheit wirksam auf dem Pfad der

Abstraktion nähern will. Die impressionistische Auf-
lösung des dichterischen Denkens findet seine ruhm-
reiche Bekräftigung in den Forschungen über den
Erkenntnismechanismus des Instinkts, einen Mechanismus, der sich grob genommen und auf wirtschaft-
liche Weise über die logische Verarbeitung schweigend und ohne Gewaltsamkeit dem Prinzip des
anständigen Vergnügens einordnet. Aus diesem
anständigen Vergnügen (das dem Katholizismus so
gut entspricht) entsteht die ganze adonische Einstellung der neuen Ästhetik, die das unzulässigste
und widerwärtigste Glück erzeugt. Die ganze zeit-
genössische ästhetische Erniedrigung, die vorgibt,
die Ideen auf die dogmatischste Weise zu lenken,
schläfert uns mit den monotonsten psychologischen
Nichtigkeiten ein, die bestimmt sind, uns einmal
mehr die Illegitimität all dessen zu beweisen, was
wir uns mit einer Grausamkeit und einem Haß,
die wir nie für ausreichend halten, zu zerstören uns
zur Pflicht gemacht haben.

Der Gesang umfaßt die tausend atheistischen Formen des Lobliedes auf Gott. Eine einzige Gegeben-
heit, die eines dynamischen, emotionellen (meist
päderastischen) Problems, genügt, um unsern Geist
dazu zu bringen, daß er augenblicklich, instinktiv
die Entwicklung und den Kulminationspunkt der
Kurve vorhersieht (in Anbetracht dessen, daß es
sich immer mehr oder minder um eine Kurve handelt); wir verfolgen also die Flugbahn der in Frage
stehenden Leuchtrakete (es handelt sich im vorliegenden Fall um eine Brand- oder Leuchtrakete, die
in die nächtliche Feierlichkeit geworfen worden ist),
da diese Rakete durch die Vermittlung unserer
Sinne die Darstellung besagter Kurve genau bestätigen wird, denn in dem Augenblick, wo die

Rakete geworfen worden ist, hat der Instinkt, indem er mit seiner wunderbaren Schnelligkeit alle physikalischen Berechnungen annullierte, die Erkenntnis mit sich fortgerissen oder hat diese Erkenntnis ahnen lassen – was bereits eine Art des Erkennens mit mathematischer Genauigkeit ist. Wir wollen nicht leugnen, daß die visuelle Bestätigung besagter Kurve, die intuitiv erkannt worden ist, neben andern Vorteilen auch den hat, die Abscheidung der Speicheldrüsen in reicher Menge im Mund zusammenfließen zu lassen. Wir beeilen uns wiederum zu erklären, daß wir selten schwatzen, es sei denn, daß unser Speichel vorher die ätzende Eigenschaft der schärfsten Gifte angenommen hat. All das, was wir hier im Hinblick auf die Raketenkurve gesagt haben, gilt für jede Kurve des Denkens.

Die Tatsache, daß die psychologischen Reaktionen des Empfindungsvermögens das dichterische Denken beherrschen und mit sich fortreißen, und das Übergewicht des musikalischen Elements in der Beschaffenheit dieses Denkens haben die tausendundeine Schmutzigkeiten hervorgerufen, die uns das avantgardistische Kino auf unzüchtige Weise enthüllt hat, und provozieren diese ärgerliche Häufung von Optimisten, schönen Mädchen, deutlichen und abstoßenden Fotografien, häufig vollendet in kostbaren und entzückenden Alben gesammelt, die für uns Zeugnis der glaubwürdigsten und düstersten Verzweiflung sind. In diesen Ausgaben schöner Fotos ist alles getan, um zu beglücken – da liegt die Linie (ich meine die Kurve), die Synthese der Kulmination von Keimtendenzen einer Pflanze –, das ist dokumentarisch ohne vorherige künstlerische Absicht trotz der Parallelität mit dieser andern Kurve von der Maximalnutzleistung des Armes eines

Tennisspielers auf dem Nebenbild; in beiden Fällen, dem Blatt und dem Arm, handelt es sich um zwei Kurven, deren zeichnerische Darstellung uns mit der Entwicklung einer bis zum Gipfel getriebenen Anstrengung Erkenntnis vermittelt; in diesem Fall ist der Gipfelpunkt jene Einzelheit, die unserm Instinkt genügt, um ihm die genaue Vorstellung eines ganzen Rhythmus zu vermitteln – ich habe von Rhythmus gesprochen, und da liegt die Harmonie, da liegt der Schmutz, da liegt das reine Gebiet der Schande.

Die akuteste Krise des zeitgenössischen dichterischen Denkens läßt sich durch die wilden Objekte, die mehr oder minder ursprünglichen Produkte des Instinkts (und dennoch jedes Geheimnisses oder Rätsels entkleidet), zusammenfassen oder mindestens veranschaulichen; diesen Produkten wird man mit einer von Tag zu Tag zunehmenden Genauigkeit eine musikalische Bedeutung zuschreiben, wobei man sich von nun an nach der kubistischen Voreingenommenheit richten wird – jedoch mit Ausnahme der totemistischen Bilder Nordamerikas, die als ein Element des Übergangs betrachtet werden könnten, und zwar dank der Verwirrung und der »Überfüllung«, auf die man dort hinweisen kann und die bereits beträchtlich sind.

Ebenso, wie wir mit Sicherheit erwarten, daß es unsern Lesern ganz klar ist, daß wir immer stärker, und besonders in diesem Augenblick, für die komplizierten und verworrenen Dinge sind, für die möglichst deutliche Komplikation und Verworrenheit, ist uns auch daran gelegen, daß sich der Leser klar bewußt wird, wie sich die Tätigkeit unseres paranoisch-kritischen Denkens auf die Isolierung und die Nicht-Kommunikation dieses Denkens mit den psychologisch-sensoriellen Bezügen und Einflüssen richtet. Nichts kann diesen Beweis beeinträchtigen (vor allem nicht, wenn man von dem Standpunkt ausgeht, auf den wir uns im Hinblick auf die sensorielle und psychische Welt stellen), wie es auch vom Standpunkt der Intelligenz aus gleichermaßen gültig ist, die sensoriell-psychischen Reaktionen (Reaktionen, deren Realität uns so suspekt ist, daß wir hier wieder einmal die gewandte Sprache der Trugbilder entdecken) oder auch irgendeine andere x-beliebige Sache, eine andere Art von Zeugnis der Natur als Kriterium zu nehmen, ein Zeugnis, das unabhängiger und zweckfreier ist, beispielsweise ein uns fremdes – und um so furchtbareres – Zeugnis, das infolgedessen (falls es wirklich das ist, was ich sagen will) subjektiver ist. Das Zweckfreie würde etwas wie einen geometrischen Punkt darstellen, der unbedingt vor jeder Verunreinigung und vor jedem psycho-sensoriellen Einfluß geschützt wäre, das heißt isoliert gegen jeden Geschlechts- oder Gemütsverkehr und außerhalb der ganzen Physiologie. Dieser zweckfreie Punkt (der mindestens ebensoviel Unordnung hervorrufen könnte wie irgendein anderer, der in der Geometrie oder am Firmament schwebte), weit davon entfernt, ein verschwommenes Begehren nach Allgemeinheit zum Ausdruck zu bringen, würde streng konkret und so bedeutsam sein, daß er sich in der im allgemeinen nur für eine schwache Anwandlung gehaltenen Gebärde der Person deutlich ausdrückt, die, ohne Klavier spielen zu können, auf einem Marmortisch (sehr vollkommen) den sicheren Fingersatz eines wirklichen Pianisten nachahmt, von der absoluten Gleichwertigkeit ihrer Imitation überzeugt. Ich habe gesagt, daß der in Frage stehende geometrische Punkt – ganz im Gegensatz zu einem verschwommenen Streben nach Allgemeinheit – etwas streng Konkretes ist, und ich werde das schließlich beweisen, indem ich hinzusetze, daß sich dieser Punkt in dem Fall, der uns beschäftigt, genau in dem Augenblick konkretisieren würde, wo der falsche Pianist vorübergehend den unbedingten Glauben an seine Imitation verlöre, sie aber mit fast gleichem Enthusiasmus fortsetzte. Was den so präzisierten geometrischen Punkt betrifft, der, wie ich überzeugt bin, eine erhebliche Entfernung von der physikalischen Welt voraussetzen würde, schlage ich vor, ihn für den Augenblick und in Ermanglung eines andern, zutreffenderen Namens als *Die sanitäre Ziege* zu bezeichnen, und zwar unter anderem aus dem Grund, daß ich bisher keinerlei bewußte oder unbewußte Beziehung zwischen dieser Benennung und dem gefunden habe, was sie bezeichnen soll, und weil ich hoffe, daß sich auf diese Art wirkliche Beziehungen in diesem Fall auf eine natürliche Weise (Pardon!) herstellen werden.

Wenn Einstein die Unterschiede feststellt zwischen dem Meter als Meßeinheit und dem Meter, aus einem Stoff hergestellt, dessen wir uns bedienen müssen, wenn wir die Möglichkeit einer physikalischen Geometrie ins Leben rufen, verwirklicht er auf einer ganz speziellen Ebene der Interferenzen des Denkens den brutalen Einbruch von schöpferischen psychischen Konstanten in diesen Fall der großen Symbole und abstrakten, nichtphysikalischen Trugbilder. Die Trugbilder im Dienst des Denkens, die Wirklichkeit im Dienst der Trugbilder, nichts wird jene Leute, die sich eine leise Vorstellung von Höflichkeit bewahrt haben, mehr daran hindern können, sich auf die Wirklichkeit der *wunderbaren* und identischen Imitation des Pianisten zu verlassen, der uns vorhin als Beispiel gedient hat – und zwar auf die gleiche Weise wie derjenige, der ein Gesicht zu imitieren glaubt, so betrachtet werden muß, als hätte er ein doppeltes Gesicht. Genau wie man mit der physikalischen Ausdehnung der üblichen oder nichtüblichen Maße rechnen muß, wird man – ob parallel oder nicht – mit der psychischen Ausdehnung der Ideen rechnen müssen; es wird nicht mehr angängig sein, sich auf abstrakte Kriterien zu berufen. Die instinktiven und psychosensoriellen Reaktionen auf der Ebene der Erkenntnis werden den strikten Wert von Abstraktionen der musikalischen Ordnung annehmen. Die neue Geometrie des dichterischen Denkens erfordert eine physikalische Revision und Akkommodation der Ordnung jener Dinge, die die Einsteinsche Physik jedem Maß unterziehen läßt.

In diesem Fall liegt die Physik in der Ordnung der Dinge, die man glauben kann – die man glauben oder interpretieren kann, selbst wenn das im Wahnsinn geschieht: die Physik, die die neue Geometrie des Denkens zu schaffen glaubt, wird (es ist leicht, das vorherzusehen, was ich jetzt sage) genau der Wahnsinn der paranoischen Interpretation sein.

Alles spricht für die Annahme, daß die Realität in sehr naher Zukunft einzig und allein als ein einfacher Zustand von Depression und Untätigkeit des Denkens und infolgedessen als eine Folge von Momenten der Absenz vom Wachzustand betrachtet werden wird. Ich höre von hier aus das stupide Lachen unserer Gegner, aber für uns ist diese zusammenhanglose Realität schon vor langer Zeit auf die rechte Proportion einer unbedeutenden »Störung« des Denkens zurückgeführt worden: die aus dem Schlaf in jenem Augenblick aufgestiegene

Amnesie, wo der Schlaf bewußt wird; »Amnesie« ist das Wort, das ich eben gesucht habe – die Realität: einfache Amnesie durch Vermittlung.

Es ist leicht, viel zu leicht, sich zu amüsieren.

Doch es scheint sich in diesem Augenblick darum zu handeln, das Denken zu mißbrauchen (und das Wort »mißbrauchen« kann in diesem Fall seinen grausamsten utilitaristischen Sinn annehmen), und zwar nicht nur gegen die künstlerischen Ideale usw., sondern auch und vor allem gegen alle Arten von hohen und anständigen Gefühlen der Menschen und, konkreter, gegen das, was gewisse Menschen immer noch, ohne dabei vor Scham zu sterben, nennen können: die Güte.

Die Wirksamkeit des dichterischen Denkens wird darin bestehen, aus ihm den großen Verderber des Lebens zu machen. Die Poesie wird niemals die Bilder des Lebens oder der Natur erhöhen können. Wenn man einen besonderen Intuitionszustand durchschreitet, kann man die Naturgeschichte als einen Film von riesigen Ausmaßen betrachten, aus dem uns unsere Wahrnehmungsfähigkeit lediglich die fragmentarische und statische Kenntnis verschiedener Momentaufnahmen zu vermitteln in der Lage wäre: dank diesem speziellen Intuitionszustand, den ich eben erwähnt habe, ist es unserer Erkenntnis möglich, eine Vorstellung von der dynamischen Gesamtheit und der dichterischen Konzeption der Lebewesen zu gewinnen, nach der jedes einzelne von ihnen dem Bild eines organischen Werdens ohne jegliches Trauma entspricht. Dieses einzige Beispiel schon kann uns helfen, den dichterischen Ursprung einer Theorie, der der Evolutionslehre Darwins, zu entdecken. Ich glaube, es wird ganz offenkundig, daß es in der Evolutionsauffas-

sung, die ich soeben auseinandergesetzt habe, genügt, die Aufeinanderfolge, den Rhythmus der Bilder der Naturgeschichte, festzulegen, damit diese
Bilder harmonisch werden. Ich wiederhole zum
letztenmal, daß es genau diese Harmonie ist, die
zu vernichten wir geschworen haben. Diese Harmonie, an der wir – wir wissen es – nicht teilhaben.
Unser ganzes Bemühen wird sich darauf richten,
diesen Eindruck, diese Impression (schon wieder:
Impression) von den dichterischen Fakten zu annullieren, die wir scheinbar im Grund unserer In-
timität empfinden; unser Bemühen wird sich darauf
richten, ich wiederhole es, all das zu annullieren,
was uns auf diese oder jene Weise vertraut erscheinen kann, weil es uns einzig und allein auf diese
Weise gelingen kann, uns absolut außerhalb dieser
Impressionen und sogar als feindselige Fremde
ihnen gegenüber zu fühlen, und weil wir dann vom
Denken eine revolutionäre und wirklich zerstöre-
rische Wirksamkeit erwarten dürfen.

Port Lligat, den 13. August 1930.